PENNY JAY

PUTA GORDA FEMINAZI

PENNY JAY

PENNY JAY

PENNY JAY

montena

Papel certificado por el Forest Stewardship Council®

MIXTO
Papel procedente de fuentes responsables
FSC® C117695

Penguin Random House Grupo Editorial

Primera edición: mayo de 2023

Printed in Spain – Impreso en España

ISBN: 978-84-19357-46-5
Depósito legal: B-5.807-2023

Compuesto en M. I. Maquetación, S. L.
Impreso en Rodesa
Villatuerta (Navarra)

GT 5 7 4 6 5

París, 2018:

«**You are fake**»
(«Sois todos unos falsos»)

Estas fueron las últimas palabras que se leyeron en las redes sociales de Oksana Shachko, cofundadora del grupo feminista FEMEN, antes de su suicidio.

Es a ella, a su lucha, a quien quiero dedicar este libro.

INTRODUCCIÓN

Soy Sara García y un día se me hincharon los ovarios ante todas las injusticias que había vivido en mi camino por ser mujer. Así que decidí montar un proyecto que acabó siendo gigante. Este tenía una base muy sencilla: la unión de las mujeres alzando su voz por medio de la comedia. Con ese espíritu nació Riot Comedy.

Salí en los medios de comunicación, en programas, me hicieron entrevistas, llenamos salas, viajé con compañeras... Dejé mi trabajo en una agencia de publicidad para dedicarme dedicarme en cuerpo y alma a Riot Comedy, y los ideales que a esta le acompañaban, convirtiéndome así en productora, publicista, cómica y, lo peor de todo y con millones de comillas, «famosa».

Por fuera todo eran focos, filas interminables para entrar a vernos, aplausos y *sold outs*.

Pero en esta vida siempre hay un precio, y más si caminas en contra de lo establecido, si tu voz abre debates y hace que las cosas cambien.

Así que, entre tanto confeti, nacieron las envidias, las traiciones, los intereses, las dicotomías, y ahí es donde casi me pierdo.

Y esta es mi historia, la historia con toda su escala de colores, desde los más brillantes a los más oscuros.

La historia de una cómica, una feminista, una mujer emprendedora y una casi suicida.

10 de agosto de 2022

Llevo muchos días postergando escribir este libro. A veces pienso que es un suicidio social, otro más, y que tras él jamás volveré a trabajar en la industria. No he elegido un camino fácil, no es una ficción. Os estoy regalando mi experiencia de vida, haciendo eso que tanto me han pedido miles de veces que no haga: «No cuentes tus debilidades en público, porque nunca sabes a quién llegará esa información y qué hará con ella. Contar tus cosas es ponerle las cosas fáciles a aquellos que quieran hacerte daño».

Este libro es un desnudo de mi alma. Me siento como Marina Abramović en su popular performance ***Rhythm 0***: vulnerable y a merced del público. *Spoiler*: por si no la conoces, acaba regular. Pero por alguna extraña razón tengo la impresión de que yo no terminaré tan mal. Este sentimiento positivo no sé si lo produce mi alma de kamikaze o las imperiosas ganas de contar la verdad. Bueno, mi verdad y lo que he aprendido de ella. Porque la «verdad» siempre es relativa, aunque no me voy a poner ahora a filosofar, que quedan muchas páginas para dar LA BUENA TURRA definitiva.

Además, ya que estoy rajando, os confesaré que este libro es una promesa que hice en septiembre de 2020. Prometí que si sobrevivía a mis pensamientos crearía este libro, el cual pretendo que sea una especie de espacio al que puedan acudir todas aquellas personas que, como yo, se han sentido tan perdidas que han querido acabar con todo. Y, por supuesto, también, para la memoria de aquelles que lo hicieron, en especial la de Oksana Shachko, cuya lucha la llevó a quitarse la vida el 23 de julio de 2018. Suena duro, pero conocer su historia hizo que yo no lo hiciera, porque entendí que lo que me estaba pasando no era un caso aislado. Por ti, Oksana, por salvarme la vida desde donde quiera que estés.

Pero basta de lagrimeos, que os quiero contar algo gracioso que me ha pasado. Estoy metiéndole a la tecla con una sonrisa en la cara y es que, como os he dicho al principio, llevo días procrastinando sin abrir este documento. Hasta que hoy me he dicho: «¡Basta, chochona! Has firmado un contrato y ya no puedes escapar».

Así que he llegado a mi casa y me he preparado unas pizzas sin gluten que aún me están dando vueltas en el estómago.

Mientras, estaba escribiendo esto y tenía de fondo la serie de *Bojack Horseman*, la cual he decidido que sea mi espacio seguro durante todo este proceso. Pues, segundos antes de empezar con este libro y darle al play de la serie, justo me ha saltado la escena en la que Princess Carolyn le pregunta a Bojack si ya le ha pasado a Penguin los capítulos del libro que prometió escribir, o si está demasiado ocupado masturbándose con fotos suyas del pasado. No he podido sentirme más representada al verla. Vale, escribiré el libro, pero jamás dejaré de masturbarme con fotos mías. ¡Joe! Es que son buenísimas.

Pero lo más curioso es que te invito a mirar por un segundo por quién está editado este libro. ¡Flipando con las casualidades! sé que pensáis que me lo estoy inventando, pero no.

Inciso: ¡puaj! Acabo de potar las pizzas, creo que uno de los productos que he comprado tenía gluten. ¡Joder!

No puede ser, vuelvo del baño, doy al play y justo está la escena en la que Bojack, el protagonista, vomita todo el algodón de azúcar por la terraza. Esto parece una broma de cámara oculta.

Demasiadas casualidades, no me queda otra que gritar a la nada: «¡Ok! ¡Pillé la señal! ¡Vamos a seguir adelante!».

TODO TIENE UN
COMIENZO.

PennyJayG

Entre 15k o 20k de seguidores en Instagram (no lo recuerdo bien)

10 de enero de 2019

Peso: 86 kg

Un día después de salir en La resistencia

DÓNDE ME PUEDES ENCONTRAR

A veces me gusta imaginarme mi vida como una serie pop adolescente.

Suena la música de El Petit Oriol, que es una sardana. No es muy de adolescente, pero quiero que comience así. Mientras, me fumo un porro. Solo se me ve de cerca. Se amplía el plano, estoy en mi habitación tirada en la cama. Un montón de insultos comienzan a aparecer a mi alrededor: comentarios, mensajes directos, tuits... Todos tienen algo que decir.

«Que poca gracia tiene la PUTA GORDA».

«A mí el feminismo me parece muy bien, pero lo que le pasa a esta tía es que es una hembrista FEMINAZI, y no me representa».

«No ha empezado su carrera y ya se ha hundido sola. A ver si la próxima vez abre la boca para comer, que es lo único que le gusta».

«A esta yo la...». Mejor no sigo leyendo.

«¿Sabes lo que te vamos a hacer, Puta Gorda?...». Mi mirada se nubla, borro el mensaje sin querer terminarlo, no puedo más.

«Patriarcado el que tengo aquí colgado».

Este último me ha hecho gracia.

El plano se mantiene y navega por los detalles de la habitación: un cenicero, restos de porro, de comida y de pizza con gluten. ¡Mmm, gluteeen! ¡Cuánto lo echo de menos! Se amplía el plano y estoy tumbada boca arriba con toda la mierda alrededor.

Todes aquellos que se hacen llamar poetas o que simplemente hacen de su vida una película de cine indie en plena explosión de hípsters en Malasaña, como si viviesen en un videoclip de Love of Lesbian en 2009. Toda esa peña intensa que necesita una frase motivadora cada mañana en su taza para sentirse especial. Esa gente, siempre dice tener un sitio «secreto» al que escapar. Un sitio idílico, que sienten único:

«Yo cuando estoy mal voy a este rincón tan especial de la ciudad».

«Yo cuando me siento mal miro el atardecer desde las azoteas».

Vives en un bajo y tu edificio no tiene terraza comunitaria. Suéltame el brazo, *flipao*, y deja ya en paz a tus padres, que tienes treinta años y pelos en los huevos.

NO SOPORTOOOOOOOO A ESA GENTE, BUENO NO SOPORTO LA EXISTENCIA EN GENERAL Y, CLARO, LO DE CONVIVIR CON CIERTA GENTE FORMA PARTE DEL PACK.

El caso es que yo no tengo un lugar especial al que viene esa persona a rescatarte de tus pensamientos, esa persona tan mágica que te hace escapar de la tristeza y convierte todo en un viaje de luz y color. Porque estabas ahí pensativa en ese parque con vistas a la ciudad y, por arte de magia, tu alma gemela apareció.

No, yo no voy a esos espacios con encanto. Lo más probable es que si estoy en ese lugar esté pensando en tirarme.

Mi sitio, cuando los pensamientos te comen las entrañas es mi cueva, mi casa, más bien mi habitación. Esa en la que me dejo la mitad de mi sueldo cada mes, ese cuchitril de gotelé beis mierda que tiene la pared, con una ventana con vistas a un patio interior desde el que, inexplicablemente, entra bastante luz, pero que mantengo con las persianas bajadas para que los vecinos no me vean tocarme. Mi lugar de hundirme son esos ocho metros cuadrados de espacio personal que el sistema me ha permitido comprar a base de entregar todo mi tiempo a no sé exactamente qué, a hacer el qué, por qué y para qué. Lo importante es ser productiva: sé productiva, sé exitosa, tú puedes con todo, nada te afecta; haz, haz, haz; trabaja, trabaja; no mires los sentimientos, en este juego no gana el más talentoso, sino el más psicópata.

Me meto en mi cueva, ese es mi lugar especial, me tumbo sobre la cama y consumo de manera compulsiva todas las redes sociales a la vez en busca de esa pizquita de adrenalina que te da ver un *like* de la persona que te gusta, de alguien a quien admiras o simplemente de tu familia que, por fin, parece mostrar un mínimo de cariño.

Me tumbo y consumo y consumo. Estoy en Twitter, estoy en Instagram, estoy en YouTube, y no entiendo por qué, pero estoy en Facebook... Cuando no puedo ingerir más vidas ajenas, más penas ajenas, más éxitos ajenos, más opiniones ajenas, más mentiras ajenas, voy a ver series, porque, por lo visto, necesito más historias. Y, sí, las necesito. Lo que estoy haciendo no es solo mirar una pantalla, lo que hago es buscar una historia que se asemeje a la mía, otra vida que pase por lo que estoy pasando y me haga de guía para superar la desidia que me produce la mera existencia. Estoy buscando desesperadamente encontrar esa vida de otros que me haga encontrarme.

Y entonces aparece un vídeo de Lola Flores y todo sigue sin sentido, pero, por lo menos, comienzo a sentirlo.

Lola tiene la fuerza que me falta en ese momento. Lola sale al escenario y lo llena todo. Lola no se calla el dolor cuando la entrevistan. Lola no esconde su vida porque sabe que es una enseñanza y la quiere compartir con todo el mundo. Lola es intensa. Lola te canta: «Ojalá que te vaya bonito…» mientras llora, ríe y rabia. Todo a la vez en una sola expresión. Lola es real. Lola es fiel a los suyos, Lola es auténtica, Lola es eterna.

Los vídeos no logran callar al *inner saboteur* de mi cabeza. Es hora de jugar a la química, y entonces llega la gran pregunta:

«¿ANSIOLÍTICO O PORRO?»

La respuesta se encuentra en las siguientes preguntas:

¿Tengo previsto salir de casa? No.

¿En cuánto tiempo? No lo sé.

¿Puede que me tire aquí tanto tiempo que comience a convertirme en piedra, empezando claramente por mis bragas? Sí. Siempre me ha asombrado la capacidad de las bragas para transformarse en cartón con solo abandonarlas un par de días a su suerte.

ENTONCES PORRO.

Y es ahí donde me puedes encontrar cuando estoy mal. Ese es mi rincón mágico al que escapar, mi cueva.

Así que, si eres esa persona mágica que viene a rescatarme, ahí estaré. Pero no vengas, porque lo más seguro es que no esté con ganas de recibir visitas.

ESTOY BUSCANDO
DESESPERADAMENTE
ENCONTRAR ESA VIDA
DE OTROS QUE ME HAGA
ENCONTRARME.

Ubicada entre trozos de una pizza familiar cuatro quesos y otra barbacoa a medio terminar, que sacian de manera poco eficiente a largo plazo, pero muy placenteras al corto, esas heridas emocionales que no logro sanar de otra forma que no sea por medio de carbohidratos y queso grasiento que te hace sentir plenitud a cada bocado. Transformándome poco a poco en ese gusano tirado de *Star Wars*, del que no me sé el nombre ni me importa, porque se acabó lo de fingir que me interesa *Star Wars* para agradar a los tíos...

¡ME SUDA FUERTE EL PAPO STAR WARS!

Por unos segundos se me pasa por la cabeza vomitar. No, ya no vomito, ese tiempo ya pasó, ahora me acepto tal y como soy. Aunque tanto no me aceptaré cuando me estoy matando poco a poco, porque, pese a que yo sí me quiero, vuelvo a odiarme cuando me rechazan los demás.

La escena de Barnie diciendo: «No lloréis por mí, yo ya estoy muerto» resuena en mi cabeza y me hace soltar una carcajada.

Solo el humor me ha salvado siempre, pese a que esta vez sea precisamente la comedia lo que me está matando. Especialmente aquel día y muchos de los que vendrían después.

LA MINITURRA ①

CARTA A MI YO DEL PASADO

Soy la Sara de julio de 2022 releyendo este texto y tengo algo que decir a esa Sara del pasado:

> **«Nada de lo que dice la gente está hablando directamente de ti ni de lo que eres. Todo el mundo habla constantemente de ellos y de su ego, de lo que sienten y de lo que tienen. Nada tiene que ver contigo ni con nadie, solo con ellos mismos».**

Creo que estas frases las he sacado de alguna serie, como todo. Pero me hacen reflexionar. A veces dejamos que las palabras del entorno entren directamente en nuestra mente, moldeando así nuestro ser y nuestros actos. Sin embargo, estas palabras poco tienen que ver con lo que realmente eres.

De ahí esta frase:

> **«Tus palabras hacia los demás dicen más de ti mismo que del resto».**

Como cuando una persona llena su boca de rabia para atacar el físico de otra, diciendo, por ejemplo, «gorda».

En realidad, le importa una mierda tu IMC (índice de masa corporal). Esa persona solo tiene miedo de ser gorda, y no porque le vaya a subir el colesterol y entonces tenga que empezar a tomar Danacol o alguna mierda de esas. Se la pica bien fuerte ese tema.

Lo único a lo que tiene pánico es a pertenecer a un estrato social que se considera «inferior», «criticable» y «despojable». Tiene miedo a la sociedad y a cómo va a ser juzgado o juzgada en ella. Y les jode y les revienta que una persona que físicamente no encaja en los cánones consiga cosas que ellos no pueden o no se atreven. Incluso les molesta que simplemente tengas un día tranquilo. Les quema por dentro que exista el resto de las personas con las que tienen que convivir y competir. Por ello se abrazan a falsos «merecidos privilegios» como este: «Una gorda no puede ser relevante ni un segundo, porque es una gorda». Este espacio le pertenece a una persona normativa como mínimo.

Cuando alguien te llama feminazi, tres cuartos de lo mismo. Están aterrados al escuchar a una mujer hablar, tienen miedo de romper con aquello que ya conocen y pararse dos segundos a pensar sobre si lo que estás diciendo tiene sentido o no.

La gente siente miedo ante el feminismo, el antirracismo y cualquier movimiento que implique darle voz a grupos sociales que se consideraban de nuevo «inferiores», «criticables» y «despojables».

En primer lugar, porque hablan de una visión de la vida que desconocen y destruye la actual. Nadie quiere romper su realidad ni desprenderse de aquellos privilegios que ni sabía que tenían, porque nunca les habían hecho reflexionar sobre ellos. A las personas nos cuesta mucho darnos cuenta de nuestros privilegios porque aquello otorgado por nacimiento lo consideramos propio, merecido e intransferible. Como la monarquía, pero en versión *low cost*.

Y, en segundo lugar, porque permitir estos movimientos implica ceder un espacio en el debate público que antes estaba permitido solo a unos pocos, dándole voz y protagonismo a gente que debería mantenerse en la sombra, rompiendo así con el *statu quo*. Es decir, ocupando esa silla de poder, opinión e implicación en el funcionamiento del mundo que se les había otorgado por el mero hecho de existir, siendo personas ricas, normativas, cis, hombres, blancos o todas estas a la vez. Vamos, dicho en lenguaje del barrio:

«Que no te rayes, tía, son unos mierdas».

Si le dijese eso a mi yo del pasado en alguna de esas noches perdidas en su lugar mágico, sé perfectamente lo que me contestaría:

«Veo que seguimos siendo unas pedantas, ahora entiendo por qué la pachamama nos hizo disléxicas, para que no pudiésemos parar a respirar entre palabras. Hablas muchísimo, pásame el peta».

PennyJayG
15k de seguidores
8 de enero de 2019
Peso: 86 kg
Un día antes de ir a La resistencia

MATA A TUS ÍDOLOS

«Ha *colao*, ha *colao* —decía mi cabeza—. No me lo puedo creer, ha *colao*».

Meses antes, una compañera que había acudido al programa me lo había mencionado por encima: le habían pedido mi número para ir de invitada. Al momento me llené de ilusión, pero, al ver que los meses pasaban y esa invitación no llegaba, decidí transformarlo en una broma recurrente para mi contenido de internet. A cada hueco que encontraba, levantaba, y sigo levantando, el móvil para rajar de lo que me apetece a un montón de conocidos y desconocidos.

«Ha *colao*». Iba a ir al programa de comedia con mayor audiencia en España en ese momento.

Mi habitación en casa de mis padres tiene una ventana con vistas a un abeto, y me queda justo de frente, a escasos centímetros. Árbol en el cual hace años decidieron instalarse un par de tórtolas para hacer su nidito de amor.

El día en el que todo cambió de golpe estaba ahí, mirando a esos pájaros que se aman de manera estúpida hasta la muerte, pensando en que el hecho de que se hubiesen instalado en mi ventana era una señal del destino y que iba a encontrar pronto a mi amor verdadero. Porque soy una mujer libre e independiente, pero, en cuanto al amor romántico, me lo he comido con patatas durante años, como hemos hecho todas. Ahora si veo a las tórtolas de la ventana tengo claro que una se ha llevado un perdigonazo y que yo voy a morir sola y a gustísimo. En el momento en que me dieron la noticia de acudir al sofá con el que toda la gente de la comedia y muchos fans sueñan y con el que, por qué negarlo, yo soñaba un poco también, ahí estaba yo, fantasiosa. No sabía cómo, pero me había llegado el siguiente wasap:

«Hola, soy X, coordinador de *La resistencia*. Nos encantaría que vinieses mañana a una entrevista junto con Asaari para hablar de la Riot Comedy».

En ese mismo instante reenvié el pantallazo a una de las personas que sabía que trabajaba ahí, para asegurarme de que no era una broma. No me lo podía creer.

Días antes había estado haciendo bromas en *stories* poniéndome un zapato en la oreja y fingiendo que me llamaban del programa.

> *¿Hola, sí, es* La Resistencia *que decía que me iba a invitar? Ah, no, que es un zapato, qué estúpida.*

Siempre he sido consciente del poder de las redes sociales, aunque en ese momento para mí consistían más en un juego que en una profesión. Creo que nunca terminas de tomar conciencia de a cuánta gente le está llegando esa imagen de tu cara pegada a la pantalla, con esa legaña de recién levantada. Supongo que, si lo fuese, guardaría un poco más las formas o cuidaría el no salir con restos de tomate en los labios.

SE ME HACE BOLA ESO DE ESTAR RELUCIENTE 24/7, PESE A QUE, NENAS, BRILLO.

Cuando las abuelas y los abuelos nos muestran cómo eran de jóvenes, por norma general enseñan una foto de estudio, donde salen reguapes y arreglades. Porque por esa época pocas cámaras había, y tienen, como mucho, tres o cuatro fotos en las que salen brillantes y seductores.

Claro, así yo también juego. No sé si en el camino que me queda lograré tener hijes, como siempre soñé, pero si los tuviese me los imagino diciendo a los suyos: «Mira, esta era la abuela».

Esto sumado a toda mi huella digital de fotos enseñando el culo y vídeos gritando a la pantalla lo *enfadá* que estoy con el universo. Sinceramente, a quién quiero engañar: en realidad me encanta. Ojalá mis abuelos también tuvieran una huella digital para conocer un poco mejor sus vidas. Mi abuelo siempre contaba, con una sonrisa en la cara y los ojos brillantes, que después de la guerra se encontró una bomba en casa, entre la ropa. Realmente no es algo hermoso, pero para él siempre fue como una gran aventura. Pagaría millones por verle de niño contándolo por *stories*.

Aquí es cuando algunas personas dirán: «Pues eso pasa ahora, mira los niños de (*inserte aquí nombre de país en conflicto bélico*)».

POR DIOS, DADME UN DESCANSITO.

Dejadme contar mi historia de mujer blanca privilegiada cinco minutos. Bueno, igual no son cinco, igual se alarga.

Mi abuela tiene otra historia que me encanta que me cuente: cuando la familia de los ricos le regalaron una muñeca carísima y ella, jugando, decidió hacerle un entierro.

Esto provocó que su madre se volviese loca regañándola. Ojalá hubiera un tuit de la madre de mi abuela que rezara: «Mira lo que ha hecho la niña con el regalo de los señores del cortijo», y acompañándolo una foto de mi abuela con la muñeca llena de tierra y la tumba al lado.

Exponer nuestra vida en redes tiene una parte horrible: cómo se aprovecha de ello el sistema capitalista, vendiendo absolutamente toda nuestra intimidad. Sin embargo, cuenta con otra parte extraordinariamente maravillosa, que es la de poder viajar a nuestros recuerdos y a los de cualquier persona tan solo haciendo *scroll*.

Ya me he puesto a divagar otra vez. Volvamos a lo que estaba contando.

El día que me invitaron a ese popularísimo programa estaba en casa de mis padres. Así que, nada más recibir el mensaje, fui a contárselo a mi madre:

«Mamá, me han invitado a *La resistencia*».

«¿Te pagan?».

«No, claro que no, pero es uno de los principales programas de comedia y con más audiencia actualmente».

«Pero no te pagan».

«No».

«Pues menuda mierda».

Y así mostraba mi madre un día más su desacuerdo con cada una de las decisiones que había tomado en mi vida. Especialmente con esa última que había ocasionado que dejase mi trabajo en una de las principales agencias de publicidad para dedicarme a la movida esa de «la comedia».

«MAMÁ, ME HAN INVITADO A *LA RESISTENCIA*». «¿TE PAGAN?». «NO». «PUES MENUDA MIERDA».

«Con lo que te ha costado conseguir un trabajo en publicidad, Sara, ¿lo vas a dejar por esto que no sabes adónde te va a llevar?», me decía una y otra vez.

«Pero no puedo dejarlo morir. La Riot Comedy está creciendo sin parar. Además, odio trabajar en publicidad».

Y joder si lo odiaba. El ambiente de mi último trabajo era genial, no lo voy a negar, conservo a gente muy guay de esa etapa. Pero, por otro lado, me consumía por dentro. Recuerdo cómo cada mañana me arrastraba más y más hasta la oficina. Cómo tomaba Diazepam y Lexatin de manera compulsiva para soportar la ansiedad que me causaba dedicar toda mi vida a hacer algo que, moralmente, me estaba sacando de mis casillas. Siempre soñé con trabajar en publicidad y cuando lo logré solo quería huir. Esto sumado a que nunca trabajé siquiera para vivir, sino para sobrevivir. El salario apenas me daba para pagar el alquiler de mi habitación, y la mera idea de ahorrar era un chiste.

Un día en el que ya estaba al límite de mi paciencia, recuerdo que llegó la mujer de mi jefe con su bebé. Era adorable, y en la oficina sabían que se me daban muy bien los niños. Así que, bueno, bebé que aparecía en la oficina y se echaba a llorar, Sara lo cogía y el bebé no volvía a molestar en un montón de horas. Voy a revelar el secreto: ¡les drogaba! ¡Oooh, susto! En realidad, lo

conseguía con cariño y atención. ¡Oooh! Si es que soy una tierna. Creo que los niños solo quieren eso, cariño y atención, y yo soy una crack dándoselo. Les ofrecía tantos estímulos a la vez que caían exhaustos. Soy la peor droga infantil que existe: la hiperactividad.

Así que esta mujer vio mis dones y no se le ocurrió más que comentar lo siguiente: «Uy, qué bien se te dan los niños, seguro que tú eres la siguiente de la oficina en traer un bebé».

Y yo, como buena bocachancla profesional, no supe más que contestar lo siguiente:

«Sí, pues, con lo que me paga tu marido, como no lo meta en un cajón debajo de la cama, no sé cómo lo voy a criar».

En ese momento me quitó el bebé de los brazos y se marchó de mi lado con la cabeza bien alta. Bueno, quizá fue una cagada, o quizá no. Pero lo que tengo bien claro es que no era ninguna mentira.

Pero volvamos al salseo. Volvamos al 8 de enero de 2019. Por aquel entonces yo apenas llevaba ocho meses en «la industria del entretenimiento». El 18 de mayo de 2018 me había subido por primera vez a un escenario a hacer *stand up*. Cuando pisé ese popularísimo plató para la entrevista solo hacía un mes que había dejado mi trabajo en la oficina para dedicarme a la comedia. Entonces, ¿cómo pasó todo tan rápido? La gente se tira años haciendo *stand up* hasta que le dan una «oportunidad» (con muchísimas comillas).

Mira, yo qué sé. Bueno, sí lo sé. Ahora te lo cuento, porque **en la vida la magia repentina no existe y todo tiene un porqué.** Cada instante es un conjunto de momentos que te llevan a lo que experimentas en el momento presente. Y estos fueron los que me llevaron hasta ahí.

¿DE DÓNDE SALE ESTA ZORRA?

Nací en Móstoles (Madrid) el 6 de junio de 1990. Me sacaron con fórceps porque, por lo visto, yo no quería salir, ya que, como buena milenial, me negué a la existencia desde el día de mi llegada al mundo. A causa de dicha técnica, mi madre lleva toda mi vida afirmando las siguientes frases:

Que al nacer con fórceps me abollaron la cabeza y pensaba que me había quedado tonta. Que luego parece que no, pero que a veces piensa que un poco sí.

Que nací con el pelo muy largo por los lados y una calva gigante que iba de la frente a la coronilla, por lo que se echó a llorar diciendo que era muy fea y que parecía Chiquito de la Calzada, que le quitasen eso de encima, que no era suyo.

Y, por supuesto, que le dejé el coño hecho un cristo.

Si mi madre hubiese sido madre ahora, probablemente habría escuchado hablar de la violencia médica que sufren las mujeres durante el embarazo y el parto. Y que existe una movida muy loca por la que, cuando pares, puede que no sientas la máxima plenitud y sufras rechazo hacia el bebé.

Si mi madre hubiese sido madre ahora, habría podido escuchar a otras mujeres hablar de la violencia obstétrica y la depresión posparto. Y estoy segura de que, al escucharlas, se hubiese sentido menos perdida y sola, y todo hubiese sido menos traumático para ella, ya que no dejaba de tener veintiséis años cuando yo nací.

Yo, que con veintiséis años puse unos espaguetis a hervir y se me prendieron fuego. Ahora tengo treinta y uno, pero este verano me dieron dos bichos palo para cuidarlos y a los tres meses ya no quedaba ninguno. ¿Que era un bicho difícil de cuidar? Puede. Pero me das un Tamagotchi y se me muere igual.

A MÍ CON VEINTISÉIS AÑOS
ME RAJAS EL COÑO DE NORTE A SUR
Y ME DAS UN SER VIVO MEDIO CALVO Y
ME DICES QUE ESO TIENE QUE SOBREVIVIR
COMO MÍNIMO DIECIOCHO AÑOS MÁS Y,
PERMÍTEME, PERO SE ME HACE UN POCO BOLA.

El caso es que ese fue mi nacimiento, por si me muero y queréis revivirlo en un belén. Mi madre, mi padre y yo: la calva de la cabeza *abollá*.

Seis años más tarde nació mi hermana, que era un bebé gigante y bellísimo. Me asomé al cuco en el que la trajeron, la miré y dije:

«Es fea y tonta».

A lo que añadí una pedorreta y un pequeño golpecillo a mano abierta en la cara. A los pocos segundos se echó a llorar y yo me marché muy digna sin mirar atrás. Mi propia *vendetta* personal, la historia se repite. Ya sabéis que la familia española es muy tradicional y nos gusta pasar los traumas de generación en generación.

LA MINITURRA ②

SOBRE MI MADRE

Me he dado cuenta de que la menciono mucho a lo largo del libro y, como es una cotilla, se lo leerá y lo más seguro es que hasta se enfade. Me da miedo de que, al contar las historias resumidas, mi madre quede como una mala madre. Porque no lo fue, o sí, depende de los ojos que lo miren. Porque todas las madres han sido malas madres. Algunas estoy convencida de que incluso horribles. Pero, así como media, diría que todas han sido malas y buenas a partes iguales. Me explico:

NADIE TE DA UN MANUAL DE SER MADRE O DE CÓMO ALCANZAR ESA «MATERNIDAD» PERFECTA QUE TE EXIGE LA SOCIEDAD.

Ninguna mujer cuando nacen sus hijos deja de ser la mujer que era hasta el momento y se vuelve un ser de luz, perfecto, sin más sentimientos ni aspiraciones que el amor incondicional a sus hijos. No. Las mujeres cuando pasan a ser madres siguen siendo exactamente las mismas personas que eran hasta ese momento solo que con un troncho más de responsabilidades y un ser humano al que mantener con vida.

Entonces yo no he sido madre, pero sí he sido hija. Y como hija puedo hablar del concepto social que se tiene como madre: más o menos lo que una madre debería cumplir es mantener con vida a sus hijos, cumplido, y prepararlos para la vida en el exterior, ahí también *check*, generando la menor cantidad de traumas posibles. Esa parte mi madre la entendió al revés.

ES BROOOMA.

Pero ahora, ya en serio, somos muchas las mujeres que hemos tenido conflicto con nuestras familias. Pero eso se tiene que mantener como tabú, no vaya a ser que ofendas a tu madre o a tu padre, pero con especial hincapié en la madre. El concepto de la pureza, la virginidad y la perfección que nos impuso el catolicismo sigue clavado en nuestras psiques.

«CON TODO LO QUE HA HECHO POR TI, UNA MADRE SIEMPRE ES UNA MADRE».

Pero qué postura más horrible para nuestras madres, de repente pasar a ser un semidios que tiene que ser perfecto e intocable. Qué horror que no te puedan conocer con tus errores.

Siempre he pensado que gran parte de la problemática de los conflictos, tanto con los padres como con las madres, es ese endiosamiento. Ese distanciamiento marcado por la autoridad que impide ver lo que realmente son y somos: seres imperfectos llenos de miedos, anhelos, dudas, deseos. Seres que no entienden muy bien a qué han venido a este mundo ni para qué, pero que de repente la vida los ha unido en el camino.

He intentado escribir varios capítulos sobre los padres, sobre perdonar a los padres. Me he visto vídeos de YouTube que hablan de que nos sentimos huérfanos emocionales. Otros que tratan de que, en realidad, nuestra personalidad la forman un saco de traumas que en su mayoría nos los han aportado ellos y por eso deberíamos estar agradecidos.

También he visto vídeos que hablan de que si tienes problemas económicos es porque hay un problema con tus padres. Esta última afirmación me saca de quicio y mi cabeza dice entonces: «¡Mira ya! No puedo más…».

No puedo con tantas tonterías, me supera cuando la gente usa la espiritualidad para culparte de todo lo que te pasa en vez de hacerte el camino más sencillo.

Es que me dan ganas de gritar a la pantalla en ese momento y decir: «He visto el documental de Tamara Falcó.

Se nota que se lleva fatal con su madre y le va superbién en lo económico, porque es rica de cuna. Así que tu argumento no vale. Voy a denunciar este vídeo de *New Age* y te voy a mandar a Tamayo a que te investigue la secta».

También es curioso, porque en estas semanas he hablado con muchas amigas y amigos míos de la relación con sus familias. Y solo he llegado a una conclusión. El refrán «en todas las casas cuecen habas» es lo más real que te vas a encontrar nunca. **Cuanto antes asumamos que las familias perfectas no existen, menos solos nos sentiremos.** El concepto de que «la familia está por encima de todo» es la mayor trampa con la que nos hemos topado.

Yo soy de las que creen que el amor incondicional es una utopía, una trampa, algo que no existe y que, cuando tomas conciencia de que los vínculos emocionales no se rigen por la sangre sino por los actos, por la presencia en el camino, por el amor diario y el respeto hacia ese vínculo que se mantenga, ya sea amoroso, de amistad o de fraternidad, es ahí cuando entiendes que hay dos familias, una en la que naces y otra la que eliges. Y a veces ambas coinciden, y otras simplemente no.

Con respecto a mí y a mi relación con mi familia solo puedo deciros que no sé qué decir, no creo que sea relevante para el libro. Aun así quería dejar esta reflexión aquí.

HAY DOS FAMILIAS, UNA
EN LA QUE NACES
Y OTRA LA
QUE ELIGES.

TÚ NO PUEDES, ES DE CHICOS

El resto de mis días hasta los veintiún años los pasé creciendo en Aluche, bueno, más bien en San Ignacio, pero, como mi zona no tenía fiestas propias ni metro y nos pasábamos las horas en el parque de las Cruces, puedo decir que Aluche es mi casa. Es un barrio obrero al sur de Madrid. De ahí fui saltando de un colegio católico a otro. Por lo que me produce la misma emoción de alegría descontrolada cantar el **«Alabaré, alabaré, alabaréée a mi Señor» que escuchar a Pont Aeri.**

Qué decir de mi barrio. En unas fiestas mataron a uno de un navajazo, cayó al lago, que estaba rodeado de gente y, como pensaron que era un borracho que se había dormido y caído al agua de la *pea* que llevaba, pues no encontraron el cuerpo hasta el día siguiente. Creo que esta historia representa bastante el espíritu del barrio.

Se podría decir que casi todo el mundo se conoce por lo menos de vista, pero, pese a que pueda parecer un pueblo, su alma siempre fue de ciudad, en cuanto a lo que a la soledad y el individualismo se refiere.

Hasta que no alcancé la adolescencia, lo que ocurriese fuera de mi edificio se podría decir que me picaba el pie. Mi mundo era ese conglomerado de pisos de la calle Oliva de Plasencia, 24, donde mis amigos se dividían en Juan y Diego, del 8.° E; Nerea, Antón y Elena, del 2.° F, y los del edificio de enfrente.

Todes éramos un grupo de niñes de aproximadamente las mismas edades que se juntaban en la piscina, el parque e invadían las casas los unos de los otros para compartir juguetes.

Jorge era un niño tranquilo, supereducado y respetuoso. Se mostraba dulce, atento y era con el que más tiempo pasaba porque se volvía loco por jugar conmigo a las cocinitas. Su padre rechinaba cada vez que lo hacía y añadía que «a ver si va a salir maricón». Pero maricón no era, por lo menos en ese momento, porque Jorge fue mi novio, y, si lo hubiese sido, pues cero sorpresas porque yo mi vida la he vivido siempre rodeada de mis maricones que os quiero. Ese amorío no duró mucho, le dejé al siguiente y la madre de Jorge vino a decirle a la mía que su hijo estaba llorando porque yo le había dejado y me pidió explicaciones. Yo solo supe decir que no podría ser, porque era un año más pequeño que yo, y eso en mi cabeza quedaba mal. Pero, pese a que esa idea la tenía muy clara, también era porque a mí el que me gustaba era su hermano, que era un culo inquieto, un alma libre bastante macarra, pero que también era mucho más pequeño, y entonces, claro, peor. Además, me gustaba la vecina de abajo, con la que me daba besos debajo de las sábanas y bajo el agua en la piscina. Una vez nos pilló su hermana mayor y empezó a gritar por toda la piscina:

«¡SON LESBIANAS!».

Por entonces no tenía ni idea de lo que significaba, pero debía de ser algo horrible porque todo el mundo se asustó mucho. Entonces me explican que lesbiana es que te gusten las chicas y no los chicos. ¡Ah!, pero a mí me gustaban los chicos, por lo que lo de los besitos solo debían de ser una especie de *data tester* que estaba haciendo hasta que llegase el momento bueno, el de verdad, el de besar a un chico.

O por lo menos eso pensaba mi cabeza. En resumen, bisexual y mariliendre desde siempre.

Pero, bueno, nuestro pequeño y fugaz amorío no afectó a nuestra amistad y siguieron las cocinitas, aunque, a mí, lo que me volvía loca de verdad era que un día me dejasen jugar al barco pirata gigante.

Recuerdo cuando le regalaron a Jorge ese barco. Estábamos en el salón de su casa, las paredes eran beis clarito y, cómo no, de gotelé. Había cuadros gigantes con las caras de mis vecinos pintadas a carboncillo que siempre, y desde el amor, me han parecido de lo más hortera. Yo cuando entro a una casa y veo retratos de la gente que vive en ella, mi primer pensamiento es que esas personas no están bien.

La casa de mis vecinos tenía una luz extraña, diría que era una luz como avainillada, por lo que tenía la sensación siempre de estar rodeada por una acogedora neblina. Ese

EN RESUMEN, BISEXUAL Y MARILIENDRE DESDE SIEMPRE.

día, el abuelo de Jorge y Kike había venido a visitarlos, por lo visto era un día superespecial porque el abuelo no venía mucho y, cuando lo hacía, traía regalos alucinantes. Y ahí estaba yo, envuelta en mi pensamiento más recurrente: ¿por qué me huele la casa? ¿Y por qué huele diferente a la del 2.° F? ¿Mi casa también huele?

La niña del hocico oledor siempre, parezco un perro. Mi obsesión por los olores me acompaña hasta el día de hoy y me hace vivir con un desodorante en cada bolso, una obsesión por las colonias y los momentos en los que puedo echármelas. Tengo un vicio compulsivo por los humificadores e inciensos. Me agobia mucho si mi espacio o yo no olemos bien, y a veces pasa, y más cuando me subo al escenario y los nervios deciden que es el momento de liberar toxinas. Una vez paré un show solo para pedir que me dejasen un desodorante porque no podía seguir actuando si tenía en mi cabeza la idea de que olía fuerte.

Si me das a elegir entre oler mal o pasear con una teta fuera por la Gran Vía, te aseguro que escojo la segunda opción. Aunque, bueno, no descarto haberlo hecho ya.

Pero cómo no voy a estar obsesionada con los olores, si el olfato es capaz de meterte un viajazo nivel droga alucinógena. **La peña dice que antes de morir ves pasar toda tu vida por delante de tus ojos, pero, cuando estás vivo y llegan ciertos olores, entonces ves pasar ciertos momentos de tu vida a velocidad de crucero por delante de tus ojos, y no solo los ves, sino que los sientes y los revives.**

Por eso tenemos olores que nos acompañan siempre porque nos recuerdan a casa. Colonias prohibidas que nos recuerdan a algún ex y, por eso, la peña se lleva pequeños botecitos a las discotecas que huelen de vez en cuando, porque les recuerda a los momentos con su abuela junto al fuego, a los viajes familiares, a la playa... Ains, qué tierna la gente en la discoteca. Nah, es mentira, es droga, todo el mundo se droga. Pero ahora cuando vayas a la discoteca y veas a alguien inhalando popper pensarás: «Ains, qué tierno».

Pero volvamos a Oliva de Plasencia. El abuelo más molón del mundo en ese momento traía regalos para sus nietos, en pleno mayo, y no cualquier regalo, sino regalos gigantes. Miraba con ilusión cómo sus nietos arrancaban el papel de regalo mientras una niña observaba expectante, pero tampoco mucho.

Y entonces comenzaron los gritos: «¡Fuaaa, es el barco pirata! ¡El barco pirata!».

Mis ojos se fueron hacia la enorme caja, un barco lleno de pequeños seres amarillos surcando los mares ocupaba toda su parte delantera. Cientos de piezas estarían dentro de esa caja para que tú misme construyeses esa enorme fantasía.

Miré a mi madre a los ojos al irnos y le dije: «Yo quiero el barco pirata».

«No, ocupa mucho espacio y además eso es de chicos».

ESO ES DE CHICOS...

No hay frase que me haya repateado más en toda mi vida que decirme que eso es de chicos.

Recuerdo cuando jugaba a la Game Boy. Era la mejor de mi clase con el *Super Mario* y los chicos no se lo creían hasta que les cogía sus juegos y me pasaba las pantallas.

Pero cómo vas a saber jugar a la Game Boy si, como su propio nombre indica, era de chicos…

A los hombres en general que cumplen una serie de clichés a los que les denominaremos heterosTm se dice que solo tienes que nombrarles una frase para que se atrevan a las cosas:

«A que no hay huevos».

Pues este «eso es de chicos» es mi «a que no hay huevos», porque, huevos no hay, pero tengo un par de ovarios que se me hinchan a cada imposición que me han intentado encasquetar por ser mujer.

Y precisamente, años más tarde, es de un «eso es de chicos», pero transformado en un «la comedia es de hombres», de donde nació Riot Comedy, el proyecto que cambió mi vida para siempre, el proyecto que me ha dado y casi me quita la vida, por el que sufro y, a la vez, sonrío cada día. Porque yo nunca quise ser cómica, cómica me hice, yo solo quería demostrar que la comedia no era de chicos. El juego se me fue de las manos y hoy en día existen mil habladurías sobre mí. Porque esta vez no le llevé la contraría a mi madre, se la he llevado a un sistema entero. Y la gente habla, ya sabéis, y las palabras a veces me levantan y otras duelen. Pero hay una cosa que jamás me podrán quitar y que me produce un inmenso placer, porque siempre es la frase que más placer me produce en el mundo y es la siguiente:

«Yo tenía razón, la comedia no solo era de chicos, y el barco pirata tampoco».

Pero por entonces no tenía veintisiete años, solo nueve, y armar una revolución yo sola en casa por un barco pirata me iba a salir mal.

Así que volví a mi habitación y miré el juguete más grande y preciado de ese espacio, la cocinita. Era rosa, tenía un fregadero, una pegatina que simulaba los fogones y una puertecita de horno que se abría. Sobre los fogones había una pegatina de una ventana en la que en ocasiones me quedaba mirando de manera melancólica, como si fuese la canción de Andy y Lucas que dice: «Y por su ventana miras al cielo, pero lo dices callada…».

Y miraba la ventana, que era una pegatina de un campo, y golpeaba con mis manos a ver si con suerte la traspasaba y podía correr por ese campo y al final estaría el maldito barco esperándome en un lago que me daría muchas más aventuras que los 193.701.938 platos que pudiese fregar en esa cocinita. Yo ya no quería ser mamá, yo quería ser pirata.

Pero eso era de chicos.

TAZOS Y TETAS

«Me encanta que me digan guarradas en la cama, y entonces él me suelta: "Tetazas". Y yo le respondo: "Obviedades hoy no, gracias"».

Si la infancia dura hasta que te crecen las tetas y te sale el primer pelo en el papo, puedo confirmar que mi infancia duró bien poco. Con nueve años estas berzas que hoy en día me acompañan comenzaron a crecer. Cuando tu cuerpo de la noche a la mañana deja de ser el de una niña y comienza a ser el de una especie de adolescente a medio cocer o, como le gusta llamarlo en mi familia, «una señorita», no entiendes nada de lo que ocurre a tu alrededor. De repente, ya todo lo que hacías hasta el momento y era adorable corre peligro de pasar al saco del **«ya eres una niña mayor y no puedes hacer estas cosas».** Tú te preguntas por qué. Y la respuesta silenciosa de tus familiares femeninas es: «Porque ahora todo lo que hagas puede ser sexualizado, pero es lícito si lo hacen así los hombres». Porque ya no eres una niña, ahora estás empezando a ser mujer, por lo que la culpa de los deseos sexuales de los demás sobre ti son tu responsabilidad o tu «culpa». Y digo que a partir de ese momento es lícito, porque esto no quita que se sexualice a las niñas casi desde que nacen, porque la pederastia existe y es repugnante. Pero no vamos a caminar hoy por lares tan oscuros.

Y, mira, nos pongamos como nos pongamos, tú con nueve años, por mucho que te crezcan las tetas y te empiecen a salir pelos en el papo y las axilas, sigues siendo una cría, y con diez y con once, porque a ti te han crecido, pero a tus amigas no, y tus compañeros varones del cole mucho menos, que esos no saben ni lo que es tener medio pelo en los huevos aún, pese a que ya se enterarán cuando pasen los años y se encuentren pelos en los huevos y por todo el culo también.

Pero en ese momento tú eres la rara: la niña con cara de niña, pero con un par de naranjitas asomando que dicen: «Eeeeeeh, aquí se está cociendo un chochito bien fértil».

Cuando las tetas comienzan a aparecer en tu vida, todo es una odisea. Primero ya no puedes ir a la piscina o la playa solo con el *culotte*, porque enseñar esos pezoncitos a medio crecer sería una ofensa para el universo, te las tienes que tapar. Así que vas con una especie de sujetador que oculta esas intenciones de ser «mujer» que tiene el tiempo preparado para ti. Un sujetador que no sujeta nada, solo tapa, porque ha llegado el momento, el momento de taparse.

Después está cuando te empiezan a comprar tops extraños para evitar que llamen demasiado la atención. Tops que al principio son divertidos, con animalitos e incluso dibujos infantiles, pero que poco le quedan de seguir contigo a medida que estas sigan creciendo, y luego llegarán los sujetadores de aro y los de con relleno y los de sin relleno y todo el universo que rodea el tapar, armonizar o sobreexponer esa parte de tu cuerpo en la que nunca te habías parado a pensar.

Y a esto se le suman los consejos sobre tus tetas que están empezando a brotar, consejos llenos de empirismo y ciencia, como: «No duermas bocabajo porque te crecen las tetas para dentro. Y si duermes boca arriba también, lo mejor es de lado, pero no mucho del mismo lado que te crecen para un lado, tienes que rotar».

¿Cómo? Ah, espera, que ahora no solo tengo que tapármelas y aguantar cómo me duelen cada día, sino que tengo que cuidarlas al crecer como si fuesen una planta.

Mi yo de nueve años para diez estaba llena de dudas: ¿y si las cuido mal? ¿Me van a crecer para dentro? ¿Cómo son unas tetas para dentro? Esa mierda tiene que doler seguro, tanto como cuando me las toco ahora mismo. ¿Me están creciendo las tetas o un grano gigante?

Pese a todo este tumulto cuando te crecen las tetas, y más siendo tan pequeña, estás demasiado ocupada recopilando tazos en el patio como para que estas sean un punto importante en tu vida, así que prefieres omitir que las tienes.

Pero, aunque para ti no sean importantes, parece que para el resto del mundo sí lo son.

Con diez años yo era una de las pocas chicas de la clase con tetas, junto con mi amiga Patricia.

Patricia era morena, con el pelo cortado a tazón, regordita y bastante, digamos, «avanzada». No era como las otras niñas de clase, ella vivía en una galaxia como cinco años por delante. Venía del futuro, como la señora del anuncio de Neutrex, pero no para traer lejía, no. Ella te traía el conocimiento de los mayores, te hablaba de porno, películas de guerra, tabaco, de divorcios, sexo y desamores. Que eso para una niña de colegio católico era bastante loco.

A Patricia le habían crecido las tetas como a mí, pero ella las llevaba con mucho orgullo. Estaba feliz de poder exhibir sus peras recién nacidas, quizá porque ese don que tenía de parecer siempre cinco años mayor le había metido en la cabeza la idea de que esas pequeñas bolitas a nivel social le aportaban un extra de valor, y eso le encantaba.

Yo, sin embargo, tardé un poco más es tener ese sentimiento. Para mí eran un castigo, hasta que un día, cruzando el patio donde los chicos jugaban al futbol, se me acercó Sergio, otro de los niños de mi clase en los que sinceramente nunca había parado a fijarme a nivel sentimental. «¡Joder, tú es que tienes unas tetazas!», dijo de forma eufórica y mostrando un claro deseo mientras miraba hacia el top de *101 dálmatas* que se transparentaba bajo la camiseta del Carmelo Teresiano. «¿Ah, sí?», contesté. «Sí, son muy grandes —dijo Sergio—, lo comentamos todos». Y continuó jugando al fútbol.

«Espérate —dijo mi cabeza—. ¿Qué ha sido eso? ¿Sergio se siente atraído por mí? ¿Que los chicos hablan de mí?». Yo que siempre había pasado desapercibida, que nunca era la niña que gustaba. Sí, tuve un novio en la guardería, me duró tres días y después me dejó por medio de un amigo suyo y no me volvió a hablar. Menudo *move* más ruin, Daniel Redondo, ni olvido ni perdono. Vale que teníamos cuatro años, pero un poco de responsabilidad emocional, por Dios.

Pero ahora no estaba Daniel Redondo, sino Sergio y Cristian, el chico que le gustaba a todas las chicas, y ellos junto con el resto habían hablado de mí y de la atracción que les provocaba. Bueno, no exactamente yo, sino mis tetas.

«¿PERO QUÉ BRUJERÍA ES ESTA?»,

pensé mientras las miraba desde arriba.

Los días en el colegio para mí eran más largos de lo normal porque yo era de esas niñas que se quedaban a comedor. Aún recuerdo la comida que nos ponían. ¡Mmm, sabía a mierda! Os juro que estoy escribiendo esto y me están dando arcadas al recordar los filetes tiesos, la lechuga pasada con sabor a vinagre. Dios mío, tengo arcadas de verdad, voy a parar. Siempre me han enseñado que tirar comida es feo, pero os juro que ahí era pura supervivencia.

El arroz con tomate estaba malo. ¿Cómo puede saber mal un arroz con tomate? ¿Cómo se puede hacer mal un maldito arroz con tomate? Lo bueno del arroz es que jugábamos a meternos un grano por la nariz y flipábamos viendo cómo salía por la boca.

Pero, pese a eso, se hacían amenas porque Patricia también se quedaba y con su presencia, cómo no, sus ideas de Dora, la exploradora del sexo.

Carlos, Sergio, Patricia y yo compartimos los eternos recreos de comedor. El patio tenía varias zonas por las que poder moverse: la pista roja, donde tenían lugar las peleas de tazos. El pequeño pasillo, en el que las chicas jugaban a hacer el pino y los chicos a la Game Boy. El patio de fútbol, donde los chicos jugaban mientras las chicas nos poníamos en una esquina a cascar mientras rezábamos para que no nos cayese un balonazo. Y la fuente, el único lugar que proporcionaba agua y en el que los niños pegaban los mocos en los grifos como broma para el siguiente (repugnante). Aún recuerdo un día que puse las manos en forma de cuenco para beber y me cayó un moco gigante y verde del grifo y, puaj, otra vez las arcadas.

Los niños son asquerosos.

Pero, pese a las múltiples opciones, ese día habíamos buscado otro lugar para jugar: el lugar de esconderse. Este se encontraba en lo alto de unas escaleras exteriores del edificio de los mayores.

—Aquí nadie nos verá, sube —dijo Patricia.

—¿Nadie nos verá para qué? —pregunté.

Subimos las escaleras y al final del todo estaban Carlos y Sergio esperándonos.

—Ya era hora. Entonces, Patricia, le has explicado el trato —dijo Sergio.

—A ver, Sara, el trato es que nosotras les enseñamos las tetas y ellos nos enseñan su polla —dijo Patricia con una sonrisa de oreja a oreja.

—No —contesté al instante.

Patricia con los ojos cristalinos y abiertos insistió:

—¿Por qué no? ¿Qué va a pasar?

—Pero que nosotros también enseñamos —insistió Carlos.

Sinceramente el pito de Carlos y Sergio me daba igual, aunque la idea de ver un pito por primera vez en directo me tentaba bastante.

—No, no quiero enseñaros las tetas, cualquiera nos podría ver.

—Nadie nos va a ver —respondió Patricia.

—Bueno, os las podemos tocar —terció Sergio.

Esa propuesta me pareció más acertada:

—Tres segundos —y añadí—: Ni uno más ni uno menos.

—¡HECHO! —respondieron los tres al unísono.

Primero las tetas. Veo sus manos en forma de gancho acercarse a esas perras del infierno que me duelen cuando me acuesto. ¿Afectará esto a su crecimiento? ¿Si me las tocasen mucho crecerían con la forma de la mano enganchada?

Miro a Patricia, que está sonriente y feliz, una nueva aventura para su diario al cual titularemos *Descubriendo el sexo*, en honor a Bad Gyal. Yo, sin embargo, solo quiero que pase ya, deseo ver esos pitos, me intrigan. Esto solo es un trámite.

—Uno, dos y tres. ¡Fuera! Ahora desenvainar los pitos.

El cuadro era espectacular.

Los pequeños pitos con forma de gusanos tristes salieron a la luz sobre los pantalones beis del uniforme que les correspondía a los chicos.

«Apenas puedo verlos —pensé—. Son como un gusano triste».

Carlos y Sergio siguen jugando con sus penes fuera, hacen pedorretas y se vitorean el uno al otro. Patricia y yo no podemos evitar contagiarnos de la emoción y empezamos también a vitorearlos, a reírnos a carcajadas y a darnos palmadas nerviosas, como las dos buenas niñas entrando en la adolescencia que somos.

—Espero que nadie nos haya visto.

—Tranquila, aquí no nos ve nadie —dijo Patricia.

Pero sí nos había visto alguien.

Al día siguiente no había más aventuras de descubriendo el sexo planeadas, así que pude dedicarme a mi juego favorito, los tazos. En la pista de patinaje, o más conocida como la pista roja porque era roja, no tenía ninguna historia más detrás. Allí, cada día se disputaban las más adrenalínicas batallas por conseguir esos pequeños tesoros de plástico y cartón.

Como si de la película *El lobo de Wall Street* se tratase, pequeñas niñas y niños de Primaria discutían a gritos por el valor de cada uno de sus tazos. «No, ese no lo puedes apostar porque está muy rayado». «Ya, pero es Pikachu y vale más». «Eso sí que es verdad, entonces pon otro que valga menos también y así igualamos el valor».

Si nos hubiesen hecho un examen sorpresa de Matemáticas en ese momento, muy probablemente hubiésemos suspendido. Ahora, para calcular nuestras apuestas en tazos... Ahí nos volvíamos contables con más de cincuenta años de experiencia.

Había niños que gritaban y pataleaban al perder su tazo más preciado, algunos arrojaban un grito sordo como si hubiesen perdido a toda su familia. Los más desesperados se iban a donde estaban las monjas a llorar por su pérdida y reclamar justicia. Otros trapicheaban con engaños para quedarse con más.

Si lo mirabas bien de cerca, el patio rojo de las carmelitas parecía Las Vegas, y nuestra droga eran los ultraprocesados.

Y, cómo no, ahí estaba yo con mi caja naranja llena de tazos, mi pequeño cofre del tesoro. No recuerdo bien a mi contrincante, pero sí sé que yo tenía la concentración repartida entre ganar el último tazo de Pokémon y que no se me viesen las bragas al estar tirada en el suelo.

El mecanismo, por si nunca has jugado a los tazos, es el siguiente: tú apuestas tus tazos, la otra persona los suyos, se ponen en el medio bocabajo y a golpe limpio con otro tazo y por turnos tenéis que conseguir que se den la vuelta. Los que se queden dados la vuelta, los ganas.

Comienza la partida y en esa tanda hay un Bulbasur y un Pikachu rayado en juego, los cuales estoy muy dispuesta a ganar. Tras varios tiros fallados tanto por mi contrincante como por mí, me dispongo al lanzamiento definitivo. Mi brazo está muy por encima de mi cabeza pensando que así la gravedad quizá me ayude un poco. Me concentro, muerdo mi lengua, fijo la mirada en el punto exacto que me va a dar la victoria. Me dispongo a lanzar y ¡ZAS!

Carlos, uno de los niños con los que ayer jugábamos a descubrir el cuerpo humano, aparece por mi espalda. Noto su olor en mi cuello y una carcajada retumba en mi oído. «¡JA! ¡MENUDAS TETAS TIENE, EH!». Las está agarrando, las agarra tan fuerte que duelen. Bueno, en ese momento ya dolían con poco. Pues imagínate si un niñato las está apretando sin previo aviso. Sigue apretando, no sé cuánto tiempo estuvo, quizá tres, quizá cinco segundos. Para mí horas.

Me quedo paralizada y en silencio, no sé qué decir ni qué hacer para que me suelte, no me ha dado tiempo a reaccionar.

Las suelta y sale corriendo por el patio seguido de las risas de varios niños.

Me siento avergonzada,

no sé si seguir jugando o perseguirle para partirle la cara, porque me duelen demasiado, pero la vergüenza me duele más.

Entonces cojo mi pequeña caja de tazos y echo a correr detrás de él hasta atraparle y pensando que, cuando le cogiese, le iba a dar con toda mi rabia, toda la rabia del dolor que me había causado en apenas tres segundos, con toda la vergüenza.

Cuando estoy a pocos metros, Carlos se gira y saca sus manos en forma de garra, y con un gesto burlón indica que si yo me acerco para pegarle él inmediatamente aprovechará para tocarme las tetas.

Yo, aun así, le quiero pegar. Me abalanzo sobre él y él sobre mí, bueno, sobre mis tetas. Lo que iba a ser la paliza del siglo se vuelve un juego en el que los chicos de alrededor corean, ríen y mis tetas vuelven a ser avasalladas en todos los momentos que lucho por defenderlas. «¡Sois gilipollas!», les grito.

«Es solo una broma, no te enfades», se les escucha decir a algunos.

Las risas continúan.

En realidad, sigo dolida, quiero pegarle. Pero la actitud desenfadada de mi entorno, los «es solo una broma», hace que me plantee que mi actitud es exagerada, que es todo un juego y, lo peor de todo, que debo estar agradecida porque los niños me están haciendo caso. Así que me contagio de sus risas, sonrío, la sonrisa sale porque mi cuerpo le dice: «Así no hay más problemas, ¿ves? Todo está bien si cedes y encima ellos te quieren, son tus amigos, no les des problemas».

Resisto y les dejo con sus mierdas. Me marcho a buscar a Patricia, que está en uno de los huecos que se encuentran frente a las escaleras donde ayer veíamos pitos.

Hablamos de las clases, los compañeros y, entre rajada y rajada, dos niñas de un curso mayor deciden acercarse a nosotras.

No entiendo bien las jerarquías que se crean en los colegios, pero si otra persona de otro curso que no conoces de nada, ni porque tenéis hermanos de otros cursos en común o porque coincides fuera de las clases, se te acercaba, solo significaba algo: o los profes les mandaban ir a por ti, o algo

ES SOLO UNA BROMA, NO TE ENFADES.

tramaban. Por lo que, fuera lo que fuese, estaba claro que ese acercamiento no era bueno.

—Ayer os vi —dijo la más alta de las dos. Esta tenía la piel muy blanca y llena de pecas. Su pelo era oscuro tan oscuro que hacía que su piel pareciera aún más blanca.

—Ayer os vi y sois unas guarras. Tú, sí, tú —dijo la otra señalándome con la mirada.

—Tú no sé de qué te quejas tanto si te encanta que te las toquen. Si ayer os vi a los cuatro, sois las dos unas cerdas.

Esto no pintaba nada bien, la niña de las pecas cada vez estaba más y más cerca. «¡Qué fea es!», pensé. Con lo que mi cabeza demuestra una vez más que a mí la peña me parece guapa o fea según me caiga. Y esta estúpida claramente me estaba cayendo fatal.

Patricia y yo nos miramos e intentamos huir, pero el espacio de reacción era muy corto y rápidamente la niña idiota y su secuaz nos tenían cogidas por los pelos.

Ambas nos abofetean, nos arrastran y nos dan patadas. Todo esto en cuestión de pocos segundos. Después, nos sueltan y nos miran con una risa burlona.

Patricia y yo estábamos más en shock que enfadadas:

—Se lo vamos a decir a la profesora.

—No podéis. Si decís algo, le contaré lo que hicisteis ayer y que les digan a vuestros padres lo putas que sois.

¿Qué es una puta? Se lo preguntaría después a Patricia, seguro que ella lo sabía, porque ella lo sabía todo.

No nos queda otra que desistir, y Patricia y yo nos marchamos al patio del pillapilla donde están los chicos jugando.

Las dos nos sentamos sobre el suelo gris cerca de la cuidadora del recreo. Allí estamos a salvo, delante de los mayores esas niñas no volverán.

Al poco rato ya se nos ha olvidado el mal trago y volvemos a jugar con los chicos a una especie de pillapilla del que no recuerdo el nombre.

Todo había vuelto a la normalidad por un rato.

Bueno, o eso creía yo.

Estamos llegando al final del recreo de comedor, esto lo sabíamos porque los niños que comían en sus casas comenzaban a entrar por las puertas de hierro forjado que tenía el colegio de carmelitas. Varios compañeros de clase se acercan al patio gris para unirse a nosotros, porque nos hemos cansado del pillapilla, así que ahora toca el saco de patatas.

El saco de patatas no era más que un juego que consistía en la gran idea de que una persona se tumbaba en el suelo y después todos los demás nos tirábamos encima como un saco de patatas a ver durante cuánto tiempo podía aguantar nuestro peso. El juego terminaba cuando el primer participante gritaba de dolor y rogaba que por favor nos quitásemos de encima. Un extraño juego en el que tanto antes como durante como después todo eran risas.

Por alguna extraña razón de amor hacia el dolor que tenemos los seres humanos, a todos nos parecía una gran idea vivir la experiencia de ser aplastados por el peso de los demás.

—Ahora yo —dije muy convencida.

Patricia se había ido, ahora solo quedaba yo con cinco chicos de mi clase.

—Vale, dale —jaleaban los demás entre risas. Inmediatamente me tiré al suelo y todos se cayeron encima como una gran avalancha.

«Bien, Sara, sientes la presión, pero aún puedes respirar. Uh, esa ha dolido, aguanta, puedes aguantar. Tienes que demostrar que eres fuerte».

No me dio tiempo de gritar de dolor y rogar como los otros. A los pocos segundos comenzó a sonar un silbato, la avalancha de alumnos dispersos y despegué mi cara del frío suelo para ver la severa cara de una de las hermanas carmelitas cuyo nombre no recuerdo.

PERO LA LLAMAREMOS SOR CAPULLA.

—Tú —dijo la monja—. Tú te vienes ahora mismo conmigo.

Me agarró del brazo y me arrastró a la portería, que era el sitio donde llevaban a la gente para echarle dos cosas: o bien Reflex porque se había torcido un tobillo, o bien una regañina de campeonato. Y mi tobillo estaba bastante bien.

—Tú eres una zorra —me dijo la monja nada más soltarme un empujón en la fila de sillas que estaban pegadas a la pared a modo de banquito de espera.

A mi espalda había un cuadro enorme de Cristo crucificado flotando en los cielos.

TÚ ERES UNA ZORRA —ME DIJO LA MONJA.

—Tú eres una zorra, una guarra y una puta, que me lo ha dicho (nombre de la niña esa fea que nos había arrastrado a Patricia y a mí pocos minutos antes).

«¿Pero cómo voy a ser una puta si tengo diez años? Pero que yo nunca he follado y menos por dinero», dijo mi cabeza inmediatamente, que sabía lo que era una puta porque me lo había contado Patricia, cómo no. Me dijo que eran mujeres guarras y fáciles que follaban por dinero. Así que imaginad mi imagen mental inmediata cuando la monja me dice esto. Desde aquí quiero pediros disculpas a las mujeres que ejercéis o habéis ejercido la prostitución. Siento mucho esa horrible definición que tan clavada está en la sociedad y tanto daño os hace, no sois guarras, no sois fáciles y no merecéis los prejuicios sociales que caen sobre vosotras.

COMPAÑERAS, ÉRAMOS NIÑAS PEQUEÑAS EN UN COLEGIO RELIGIOSO EN UNA SOCIEDAD MACHISTA Y PATRIARCAL.

Bueno, qué contaros que no sepáis. Volvamos con la monja.

—Sí, eres una guarra y una zorra porque te dejas tocar las tetas por los niños, que me lo han dicho —continuó Sor Capulla.

Acabáramos, que no fue suficiente con pegarnos, sino que se había ido a chivar la muy marrana. Os juro que en ese momento no supe qué hacer, solo podía mirar a Sor Capulla con los ojos muy abiertos rezando para que no llamase a mis padres. Claro que no creo que se atreviese a contarles las cosas con toda la serie de insultos que se estaba atreviendo a soltarme a mí.

La monja seguía gritando y hacía aspavientos.

—Y encima solo te juntas con chicos, que te vemos siempre, porque…

Mi mente se había apagado. Ya no escuchaba a Sor Capulla.

Antes de continuar esta historia, y en vista de que los PIIIIII se van a repetir bastante, y más cuando lleguemos a la parte de mi carrera como cómica. Os voy a presentar «los piiiiii». «Los piiiiii» son ese momento en el que, en las películas, la mente de los protagonistas se apaga, porque se han dado un golpe o porque están viviendo una sensación de estrés tan alta que sienten como que un pitido horrible se mete en sus oídos. Pues, bien, yo no escucho un piii, pero sí me escucho a mí misma hablando sin parar o en completo silencio. Bueno, no me escucho tal cual, simplemente me abruman mis pensamientos o mi mente se queda en blanco. No hay punto medio; me abruman tanto que escucho los sonidos de mi entorno, pero no guardo ni asimilo una palabra.

A medida que he ido creciendo he aprendido a disimular los piii, contestando con un rápido: «Ya, qué fuerte», un «Sí, sí», o simplemente poniendo cara de muy interesada.

Cuando «los piii» se vuelven más intensos se transforman en ausencias, es decir, minutos o segundos de mi vida en los que me he quedado callada mirando a un punto fijo mientras me hablaban o, peor, mientras hablaba yo. No sé cuántos segundos ni minutos ha durado eso, porque para mí no han ocurrido. Solo sé que yo estaba en un punto hablando y que, cuando vuelvo, las personas de mi entorno tienen la cara asustada como si no entendiesen nada.

Y cuando «los piii» se vuelven aún más fuertes llega la disociación. Es decir, mi cuerpo está presente, pero mi cabeza lo vive desde fuera como si esa no fuese yo. Como si fuera un videojuego o una película que estoy viendo. Hablo y gesticulo, pero me veo desde fuera.

No sé cuándo empezaron «los piii», solo sé que llevan tanto conmigo que he aprendido a aceptarlos y a entender que cuando aparecen algo está empezando a ir mal. Pero ese día «los piii» solo estaban en su primera fase, en la verborrea mental:

PIIIIIIIIIIIIIIIIIIIIIIIIIIIIIII

La monja gesticula y está muy enfadada.

«¡Qué fea es la monja! —pienso—. ¡Y qué feo es Carlos, el que me ha tocado las tetas! ¿Pero qué dice esta señora de guarra? ¿De verdad? ¿Qué sabe ella de tocar tetas? ¿Qué sabe ella de sexo si no lo puede haber tenido, supuestamente? Espera, no tiene sexo, pero masturbarse es sexo, ¿no? O sea, tocarte si eres monja sí que puedes, como mínimo no, porque digo yo que sí, porque yo lo hago cuando pienso en el Pablo, el niño de la playa, bueno, y no solo en Pablo, pero el caso es que se me hincha el papo por las noches y tengo que agarrar al osito y restregarlo hasta borrarle la cara o el toto deja de molestar. ¿Esta señora se masturbará? Es que lo tiene que hacer porque si no te duele el papo. Y si lo hace tiene que hacerlo con Cristo, ¿no? O sea, está casada con él supuestamente y dice que le ama. O sea, que está por él. Si eres monja, tienes que estar por Cristo. No puedes estar por nadie más porque sería ser infiel. Y toooooodas las monjas están por Cristo entonces.

¿PERO QUÉ CRISTO?

O sea, cuando va a quedar con él para hablar como novios, que va a la capilla, o sea, que se podría decir que anda liada con el Cristo de la capilla. Claro, pero con el Cristo de la capilla, entonces, cuando van a rezar todas, ¿están quedando todas con él a la vez?, pero esta boba seguro que mira al Cristo y se piensa que es especial. Pero, claro, asume tú que tu novio también anda liado con las otras veinte o treinta monjas que tienes alrededor. Y si estás hablando con él y te pones cachonda porque, joé, es tu marido, ¿no? Digo yo que será licito ponerte cachonda con tu marido. ¿Qué haces? ¿Te tocas? ¿Entonces las monjas cuando van a rezar en realidad se tocan todas en grupo? Ah, espera, entonces ¿esta señora que hace esto me está llamando guarra a mí? Pero si eso es una orgía de esas que me ha contado Patricia, eso tiene que estar fatal visto, eso sí que es de guarras: tocarte en grupo, en la capilla y con el Cristo una orgía de monjas fingiendo rezar y restregándose con el pico del banco como la de Inglés. No, no, esto me está pareciendo fuertísimo».

—Señorita Sara, Sara, ¿me escuchas? Tienes que volver a clase. ¡SARA! —La monja vuelve a agarrar mi brazo y me zarandea hasta la puerta—. ¡Vamos! Tira a clase y que no te vuelva a ver con los niños o tendré que llamar a tus padres para contarle lo guarra que eres.

—¡Guarra tú! —gritó mi cabeza y murmuraron mis labios.

—¿Qué has dicho, Sara?

—Nada. —Miré a la monja con los ojos abiertos como platos y corrí a clase.

Llegaba tarde. Todas las niñas y niños de mi clase ya habían entrado. Lo que me faltaba, otra regañina. Pero por suerte ese día nada más pasó.

LA MINITURRA ③
(¿QUIÉN ES LA MALA?)

¿Cuál de los personajes que han salido odias más? A la niña de pecas o a Sor Capulla.

¿Me odias a mí? Lícito, ya tenemos algo en común.

Pero, ahora en serio, creo que en este relato es muy muy sencillo sentir aversión por la niña de pecas y Sor Capulla. ¿Y si te digo que no las odies tanto? Porque estoy segura de que en alguna ocasión todas hemos sido un poco ellas.

La niña de pecas y Sor Capulla tienen en común la necesidad de mostrar su desaprobación ante la situación de que otra «mujer» muestre su sexualidad en público. Aunque ambas son de generaciones totalmente distintas, han aprendido lo mismo y lo perpetúan porque moralmente sienten que eso está bien, y si encima lo señalan y lo castigan está aún mejor, están haciendo lo que la sociedad manda. Así que, por muy desproporcionada que sea su reacción, saben o creen que en el juicio social ellas son las buenas. Es lícito, es lo que tienen que hacer, por su bien, como mujeres enseñando a otras mujeres lo que tienen que hacer y lo que no, por un bien mayor que no saben muy bien de dónde viene o dónde comenzó esa idea, pero que está ahí.

Muy probablemente a ellas también las penalizaron cuando se vieron en una situación similar, las regañaron, avergonzaron o señalaron cuando se enfrentaron a un momento similar en su vida. Y ahora solo buscan repetir lo que les enseñaron, porque es lo correcto, porque es lo justo, porque han aprendido y sienten que así es como debe ser.

¿Y tú? ¿En algún momento de tu vida has sido injusta o injusto con alguna mujer solo porque llevaba más escote de lo que considerabas normal, porque hablaba abiertamente de su sexualidad, porque hacía juegos de coqueteo delante de ti? O quitemos la sexualidad. ¿Has sido en algún momento injusta o injusto, criticando o agrediendo a alguna persona física o verbalmente, prejuzgándola por hacer algo simplemente que no estaba dentro de las reglas de lo que debía ser una mujer, porque se reía muy alto, porque hablaba demasiado, te molestaba su opinión o porque ocupaba un espacio que considerabas que no debería ser ocupado por mujeres?

Estoy segura de que sí porque yo lo he hecho y mi entorno lo ha hecho y todos lo hemos hecho. **Todos hemos sido o somos Sor Capulla o la niña de pecas en alguna ocasión.**

Pero qué pasa con Carlos y los chicos que nos siguieron tocando las tetas sin consentimiento hasta que varias nos quejamos a las profesoras y los profesores y entonces decidieron parar.

Estoy segura de que, si en vez de la niña de pecas nos hubiese visto un niño, este se hubiese reído y dado un par de palmaditas en la espalda a Carlos y Sergio con un «ja, ja, qué guarras, sois unos cracks». Es más, muchos que no estuvieron ese día se unieron al «juego» de tocarnos las tetas más adelante. Porque era divertido, todos lo hacían y encima entre los hombres se premiaban por ello.

Ningún niño tiró de los pelos a Carlos por sacarse la chorra delante nuestra, ninguna monja le llamó acosador por apretar las tetas de sus compañeras con todas sus fuerzas cuando estaban despistadas.

Y, lo que es peor, tú, lectora o lector, puede que no te hubieses parado a reflexionar en eso.

Con esto no digo que haya que llamar a los niños acosadores, porque no lo son. Son niños y nosotras niñas investigando lo que está pasando en nuestro cuerpo.

Pero sí que la infancia marca nuestro comportamiento de adultos, y si a ti, como niña, cuando investigas sobre tu cuerpo, te llaman guarra y te hacen sentir que estás haciendo algo horrible, mantendrás ese sentimiento hasta adulta.

Y si tú, como niño, tocas las tetas a tus compañeras y todo son palmaditas en la espalda y una leve llamada de atención, es normal que sientas que lo que has hecho no tiene nada de malo y te impacte locamente cuando te castiguen por ello.

Tocar las tetas quizá es demasiado, pero y si desde pequeño te aclaman los comentarios machistas, racistas, homófobos, gordofóbicos... Y si te vitorean cuando te aprovechas de una mujer, y si te penalizan cuando quieres entrar al universo de lo que se considera «la feminidad» y si te enseñan claramente que pertenecéis a grupos diferentes.

Es de ahí de dónde venimos y por lo que hoy en día muchos hombres se echan las manos a la cabeza y actúan con violencia cuando señalas un comportamiento que te hace sentir invadida.

—¿Te importaría no hacer chistes machistas? Estoy incómoda, me afectan a mi día a día esas ideas que estás perpetuando.

—¿Me estás llamando machista? Yo no soy machista, no tienes humor, eres una histérica, encima de que quería pasar un momento bueno contigo. (Traducción: encima de que te permito entrar en mi mundo, mujer).

O lo pasado a mi momento en *La resistencia*: eres una loca que solo quiere llamar la atención y aprovecharse para ser el centro, solo quieres vender trapos y hacer dinero. Pero aún no hablaremos de ese día. Aún no.

Sara
14 años
Peso: 58 kg
Le gusta hacer carpetas de fotos de Fernando Torres y manda zumbidos en Messenger
Seguidores en Instagram: 0
Amigos en Tuenti: muchos

LA ADOLESCENCIA

En primero de la ESO salté del colegio de monjas de las carmelitas al de curas de La Salle. La adolescencia es un periodo superimportante porque es donde se va a forjar tu identidad musical para toda la vida. La mía está compuesta por un batiburrillo extraño de Andy y Lucas, Estopa, todas las canciones de la edad del oro del pop español de los ochenta, La Oreja de Van Gogh, el primer disco de Rosa de España, todo lo que saliese de reguetón y música techno.

Ahí conocí al grupo de amigas que sería el que marcaría toda mi adolescencia. La Aitana, la Moni, la Sandrix y el Álvaro. Pongo el «la» delante porque éramos unos chonis a nivel Messenger: <3/o_0\ La_sarita_reshulona_90 <3/o_0\.

Pero también éramos pijos cuando teníamos que entrar a Élite Light, lugar en el que nuestra máxima afición era ir despeinando a la peña repeinada del local. Bueno, vale, igual tirábamos un poco más al chonismo. También vestimos de raperos cuando nos compramos unos pantalones anchos. Éramos todo y nada a la vez, solo queríamos sentirnos guais y especiales como todos los adolescentes, pagando con la vergüenza ajena que fuese necesaria para alcanzar nuestros objetivos.

Pero nuestra fantasía iba más allá porque éramos fans de Chicas Malas y nos creíamos los guais de nuestro curso, o por lo menos eso nos hacían creer. Y yo, si nos miro desde lejos, actualmente nos veo más como los Goonies.

Además, el único que ha logrado tener algo en común con Lindsay Lohan es Álvaro, porque los dos acabaron en un centro de desintoxicación.

Puajaajajaja, uf, me río porque es verdad. Tranquiles, me deja hacer esta broma.

En realidad, no éramos chicas malas, ni tan guais como pensábamos. Simplemente destacábamos como grupo aún no sé muy bien por qué. Supongo que ese absurdo estatus nos lo daban varios puntos: salir de fiesta, hacer botellones y que dos de las chicas consideradas las más guapas del curso pertenecieran al grupo: la Aitana y la Moni. Sandra y yo simplemente éramos «las graciosas liantas» y Álvaro, a ver si adivináis… «La marica protegida».

Me flipaba salir de fiesta y me sigue encantando, pero ahora no mola tanto porque me reconocéis a veces, me siento observada y como buena lianta eso me viene fatal. De adolescente las discotecas light eran como mi tierra prometida, mi rincón de la libertad. En realidad, no me dejaban ir, pero yo me cambiaba en el autobús y me aseguraba de llegar a la hora a casa para que no me pillasen.

En uno de estos cambios de vestuario a lo *Lluvia de estrellas* recuerdo que sucedió algo asqueroso.

El truco del almendruco para lucir *flow* zorrón para la *party* era sencillo: salía con un polo de casa y una camiseta que consideraba «sexy» debajo de este. Llamemos sexy a cuatro centímetros de tela ceñida en la que ponía cosas como «A veces ángel, a veces demonio, pero siempre yo». Reina de la moda, sí, así soy. A ver si pensáis que lo de ser un hortera lo inventó ayer Bad Gyal. Bien, pues, en uno de estos movimientos tan locamente provocadores como es quitarte una camiseta y que haya otra debajo, estábamos la Aitana y yo sentadas en la parte de atrás del autobús. Este acababa de parar en un semáforo y me pareció el momento adecuado para realizar mi truco digno de David Copperfield para mi gran tarde en Kapital, la mejor discoteca de Madrid en ese momento y mi lugar favorito del mundo, pero volvamos al bus. Total, que a la misma altura de donde estábamos se paró una furgoneta. Noté a Aitana aterrada mirando hacia esta. Cuando me giré el conductor de la furgoneta había tenido el detalle de sacar un pañuelo y, junto a este, su rabo, y con una sonrisa de oreja a oreja nos miraba y se la cascaba como si nos estuviese haciendo el mayor regalo de nuestras vidas.

Aitana y yo no dijimos nada, miramos al frente y esperamos a que arrancase el bus, el 39 giró siguiendo su ruta y la furgoneta continuó de frente. No invertiremos un segundo más en ese cerdo.

Bueno, miento, sí que dijimos algo. A los minutos tuve que decir:

—Son bien feas las pollas, eh.

—No todas —contestó Aitana.

Yo no me di mi primer beso con un tío hasta los diecisiete, y en ese momento del bus tenía catorce, o sea, me quedaban tres años de desconocimiento, así que, como persona inexperta, asumí que Aitana tenía razón.

Hoy en día solo tengo una cosa que aportar a esa conversación. A ver, no voy a decir que son feas, porque algo de cariño les tengo. Pero las fotopollas que os hacéis: mal encuadradas, mal iluminadas, no ayudan para nada a su buena imagen. Poned un poco de amor y cariño: un filtro con purpurina, unas orejitas *cute*, sed creativos.

Pero, como he dicho antes, no invertiremos un segundo más en ese señor. Nos esperaba una tarde increíble por delante. Teníamos todo preparado para llegar al show de apertura, las luces nos cegaron, la música nos haría bailar hasta sudar nuestra alma, pero estar bajo el megatrón nos refrescaría, Pont Aeri entraría por cada uno de los poros de nuestra piel como si estuviésemos poseídas.

SI TENGO QUE RESUMIR LO QUE ME HACÍAN SENTIR ESOS SEGUNDOS EN POCAS PALABRAS, DIRÍA ADRENALINA, PAZ Y LIBERTAD.

Cada vez que suena el «Flying Free» siento como si nada importase, asumo que esa canción hace el mismo efecto

SED UN POCO CREATIVOS CON LAS FOTOPOLLAS, POR FAVOR.

sobre mí que el ruido blanco o las nanas de cuna sobre los bebés. Me calma, me transporta y por eso durante años ha sido la canción de apertura de la Riot Comedy. Hay peña que lo ha llegado a ver como un punto genial para levantar al público. Pero lo que no saben es que en realidad esos acordes de PI-PI-PI-PIPIPI solo eran para mí. Para llevarme de nuevo a la pista con Aitana, y trasladar esa sensación de felicidad al público, mientras yo en el escenario suelto mis chistes, aunque en realidad estoy ajena a ellos y sigo bailando en la pista de Kapital con catorce años, esperando a que caiga el megatrón. Pensando que nada importa, solo sentir el momento.

Las tardes en la discoteca eran geniales, Aitana y yo siempre íbamos; ella porque el techno era su religión y yo porque me gusta demasiado la jarana. Pero esas tardes se volvían aún mejores cuando conseguíamos estar todas: Aitana, Moni, Alex y Sandrix.

Pero en especial cuando estaba Sandrix.

LA MINITURRA ④
LA NORMALIZACIÓN DEL ACOSO

Es ahora escribiendo este libro cuando me fijo en lo normalizado que teníamos en ese momento el acoso. A no ser que a algún capullo le diese seriamente por perseguirnos a alguna de nosotras, que ahí saltaban las alarmas y tampoco mucho, el hecho de que los putos cerdos nos enseñaran el rabo lo teníamos bastante normalizado.

Odio cuando la gente dice que la peña que hace eso son solo cuatro locos. Si eres mujer, sabes que no son cuatro locos, y, si eres hombre maricón con pluma, también sabes que no son cuatro locos, porque anda que Álex no ha salido veces asustado de los baños del Carrefour de Aluche porque un viejo de mierda le ha querido empotrar. Solo quiero decir: «Álex, cuidado, a ver si vas a ser tú ahora el viejo, que ya tenemos una edad». Que nooo, es una bromi.

El caso es que si eres un tío cis hetero leyendo este libro y continúas pensando que el acoso del que hablamos es una exageración, te invito a realizar tres ejercicios:

1. Pregunta a tus amigas si alguna vez las han acosado o perseguido por la calle, qué edades tenían y si han sentido miedo.

2. Pregunta a tus amigas si alguna vez las han drogado sin saberlo.
3. Este es mi favorito, si lo haces vas a flipar. ¿A que, si vas con una amiga por la calle, los dos juntos, en unas fiestas o lo que sea donde haya peña borracha, nadie le dice nada? Pues ahora fíjate en las chicas que van solas y en cuánto tardan los tíos en decirles algo, mirarlas o perseguirlas.

Con el tema del acoso hay dos temas sobre los que quiero reflexionar: uno, que es curioso cómo a medida que creces se va reduciendo el acoso, porque, claro, ya no eres una cría de dieciséis años y ahora a tus treinta y dos puede que te pongas tú más violenta que él. Pero, aun así, da igual los años que cumplas porque sigues recibiéndolo. A veces pienso: **«¿Algún día se terminará esta mierda?».**

Entonces me entra la risa entre tanta seriedad porque me acuerdo del día en el que a mi abuela yendo en el bus le soltó un piropo un chaval. Cuando ella se giró y vio que tenía setenta años, se quedó con cara de susto el muy sinvergüenza, y mi abuela le contestó con su acento andaluz: «Niño, no te asustes, que los bombones como tú a mí también me gustan». ¡La mejor!

Lo más repugnante viene cuando te das cuenta de que el acoso no es una necesidad biológica imperiosa que no pueden controlar, no es que a esos señores sus hormonas se les alteren de repente al ver a una mujer y entonces pierdan el control de sus instintos y se vuelvan animales. No, lo más asqueroso es cuando te das cuenta de que simplemente es un alarde más de poder. Te chillan cerdadas porque pueden, te persiguen porque pueden, te intimidan porque pueden, no hay nada más detrás de todo esto que la búsqueda de una demostración de poder sobre nosotras. Por eso cuando algún imbécil de estos hace alguna y tú le encaras, lo más seguro es que se asuste o repentinamente se ponga a la defensiva ofendidísimo. **Porque no había ningún interés sobre ti, solo sobre ellos mismos y su ego.**

Y el segundo tema es que creo que las mujeres tenemos muchos trucos para volver a casa y que no nos molesten por el camino, así que aquí te indico algunos. También te dejo un hueco por si quieres poner los tuyos y compartirlos en redes. Miradme, he hecho un libro interactivo, ¿no seré yo el nuevo Steve Jobs?

1. El más conocido: informa a tus amigas. Como más de una seréis unas pedofas que llegan a casa y se caen desmayadas en la cama olvidándose así de mandar el tradicional «Llegué», yo os recomiendo enviar la ubicación a tiempo real durante lo que tardéis en llegar y así, si se os olvida, no pasa nada, y si os ocurre cualquier cosa por lo menos se sabe dónde estáis.
2. Si vas a volver a casa y has salido con falda, pantalón corto o ropa escotada, mete unos leggins y una sudadera o camiseta ancha en tu bolso. Póntelos en el camino de vuelta a casa. Esto no espanta a los que te encuentres de frente, pero sí despista a los que te ven de lejos.

3. Este se lo vi hace poco a una chica en TikTok. Llevaba una barba postiza en el bolso. Os juro que la barba de esta chica era horrorosa, estaba despeluchada, se notaba que era un postizo, pero ella asegura que le funcionaba. Ahora no sabemos muy bien si era porque pensaban: «Ahí va una chalada» o porque de verdad son tan estúpidos que eso les cortocircuitaba en plan «cuidado, ahí va un hombretón».
4. (Aquí puedes poner las tuyas).

Pero recordad, amiguitas, lo mejor para librarnos del acoso es

¡QUE LA GENTE NO ACOSE!

UUUHHH, SORPRESA. MENUDO GIRO.

NO ACOSES, PACO, ANTONIO, BORJA, O COMO QUIERA QUE TE LLAMES.

GUÁRDATE LA MINGA

Y PAJÉATE EN TU CASA CONTRA EL GOTELE MIENTRAS LLORAS PENSANDO EN EL ASCO QUE TE DAS A TI MISMO.

Y DÉJANOS EN PAZ.

Sara García

16 años

Peso: 58 kg

Tiene Fotolog

HASTA QUE LA BULIMIA NOS SEPARE

Veo mi cara en el espejo. En tres meses voy a cumplir dieciséis años. Odio cumplir años, da igual los que cumpla porque siempre me parecen demasiados. Pero este año no me siento tan mal porque la gente de mi entorno está contenta. Me llegan halagos por todas partes ¡Qué guapa te estás poniendo! Hija, eres un figurín. ¿Cómo lo haces? Pero si comes muchísimo, ¿dónde lo metes? ¡Qué suerte tienes!

Vuelvo a mirarme al espejo. Veo las motas rojas que salen del esfuerzo por toda cara, y creo que se notan demasiado, esta vez no podré disimularlas con mis pecas.

Me limpio con toda mi energía, como los asesinos que se quitan la sangre después de un homicidio: limpio mis manos, el antebrazo, levanto la tapa del váter para asegurarme de que no queda ningún resto, que no ha salpicado a la báscula del suelo. No pasa nada, ya está todo limpio, no queda ninguna prueba.

Me encanta vomitar, odio vomitar.

A veces pienso que la bulimia en un grupo de amigos es como la droga: todo el mundo lo hace, pero siempre hay una o uno que va a caer en el pozo.

Y en ese caso así fue.

Álvaro, Aitana, Sandrix, Moni y yo pasábamos los recreos rajando sentados en el muro gris que rodeaba el gigantesco patio de La Salle. Ahí hacíamos chistes y comentábamos las aventuras del último botellón de ese fin de semana. Mientras, los chicos jugaban al fútbol.

Lo de las chicas rajando en una esquina y el resto del patio para que ellos jueguen al fútbol siempre ha sido una imagen muy normalizada en mi cabeza, pero cuando hoy en día lo miro con perspectiva no puedo evitar que esa segregación me choque de frente.

El 8 de marzo de 2021 me invitaron a Televisión Española por un especial del día de la Mujer. En el plató estaba junto con Elisabeth Pinedo Sáenz, más conocida como Eli Pinedo, que es una exjugadora española de balonmano profesional, una tía bien maja y chulísima.

No me acuerdo exactamente de sus palabras. Lo que sí recuerdo es que ella venía a comentar que, como mujer, por suerte no había sentido esa discriminación a la hora de educarla para que se interesase por el deporte, porque en su casa siempre la habían motivado a ello y regalado pelotas, etc.

ME ENCANTA
VOMITAR,
ODIO VOMITAR.

Según lo dijo se me vino a la mente esa imagen que había vivido tantas veces en los recreos. Y cuando me tocó mi turno de hablar no pude evitar remarcarlo con una reflexión que venía a decir lo siguiente: qué suerte que hayas podido vivir eso. Pero la educación en casa no puede abarcarlo todo. Te pueden dar pelotas desde pequeña y jugar contigo al fútbol. Pero, cuando llegábamos al patio del colegio, en la mayoría de los casos los niños eran los que jugaban al fútbol juntos, porque se consideraba que ese deporte era de ellos. Mientras que las niñas nos quedábamos hablando en una esquina y, aunque en tu casa sí que jugases, puede que en el colegio percibieses que no te correspondía. Eso inevitablemente ha hecho que muchas niñas sientan que el deporte no es su lugar.

Algo así venía a decir. Tras soltar eso la miré con miedo. Temía que sintiese mi intervención como un ataque, pero todo lo contrario; su mirada me decía que no había caído en eso. Me sonrió y sentí paz. Qué tía más maja Eli Pinedo.

Igual no viene muy al caso contar esto aquí ahora, pero es una de las pocas intervenciones en televisión de las que estoy orgullosa. Otras han sido nefastas, como el día que me metieron en antena para hablar de las dificultades de la emancipación. Empecé a quejarme del tema de los autónomos y del Gobierno en la televisión pública, ja, ja, ja, ja, y la presen-

tadora me cortó corriendo. Quedé como el meme del viejo gritándole a la nube.

Pero volvamos a La Salle, a nuestro pequeño rincón en cientos de metros de patio. Ahí estábamos siempre las cacatúas piando, entre risas y más risas. Especialmente entre Sandrix y yo. Sandrix era una fiera, una pantera, una crack de la comedia. Siempre pienso que ella es la primera persona con la que descubrí toda la fuerza de esta forma de expresión. La comedia era nuestro único lenguaje. Nuestras mentes corrían a toda velocidad cuando contábamos cualquier historia en busca de ver quién daba el mejor remate, cuando ni siquiera sabíamos qué significaba ese término.

Con Sandrix me reía tanto que se me agotaba la risa, me dolía la tripa. Con ella también bailaba en casa, vacilábamos a gente por el chat de Terra y desafinábamos cada tarde cantando al *SingStar*.

Aún no sé si se podría decir que estaba enamorada de ella. Lo que sí que sé es que la admiraba con todas mis fuerzas, la cuidaba y me cuidaba. Éramos un pack compuesto por dos adolescentes en la edad del pavo que se habían creado un micromundo alrededor de ellas y al que, de vez en cuando, dejábamos entrar a algunas personas para pasárselo tan bien como nosotras.

Sandrix era mi todo, lo que existía entre nosotras era una hermandad que duraría años.

Pero volvamos al patio.

Aitana saca su bolsa de Risketos que acaba de comprar en el quiosco y pregunta: «¿Queréis?».

Moni: «No, gracias, tengo un chicle».

Moni saca su bolsa de 20 chicles de 5 céntimos. «¿Queréis chicles?», nos dice.

«No, gracias —contesto—. He traído zumo».

Álvaro: «Pero el zumo engorda mucho, ¿no?».

Yo: «Bueno, este pone 0 % de materia grasa».

Sandrix: «Sí, ese no engorda, lo que engorda son las bebidas energéticas, me lo ha dicho mi padre, esas ni las toquéis».

Se hace un silencio y cambiamos de tema y empezamos a poner a parir al profesor de Educación Física, el cual hacía unos días había soltado una serie de comentarios sobre mis tetas y sobre cómo le come el coño el novio de Aitana a Aitana y otra serie de cosas que en su momento nos hacían risa y ahora solo veo un viejo verde bastante asqueroso, la verdad.

Miro fijamente el cartón del Biofrutas y pienso si será verdad que no engorda. No quiero que engorde, solo quiero perder más peso. Más y más. Me peso a todas horas: antes de comer y después, antes de vomitar, mientras vomito para ver si lo he vomitado todo, y paso a pesar lo mismo que antes de comer o incluso menos. La báscula se ha vuelto mi nuevo aparato tecnológico favorito sustituyendo a la Game Boy. Lejos quedaron los chutes de dopamina que me hacía sentir el *Super Mario* cada vez que pasaba una pantalla. Ahora el juego éramos yo, mi cuerpo y la báscula. Y mi mayor objetivo, la aprobación social.

Miro a la Moni, ella tiene el cuerpo perfecto. Es alta y delgada de verdad, como dicen que hay que ser. Si miras sus pantalones de tiro bajo, los huesos de sus caderas sobresalen creando una «V», nada sale por los laterales. Pese a su altura, su espalda es estrecha. Cuando se sienta, su tripa se divide en muchas minitripitas, no en dos ni en una, en varias que muestran que ahí no existe ni un gramo de grasa, 0 %, como mi zumo. Su culo es pequeño y redondo, no como el mío, al que a veces apodan como «culo pollo». Su pelo rubio cae sobre los hombros lleno de brillo. Mirarla es como ver a una chica salida de una revista o un dibujo de Jordi Lavanda.

Moni siempre habla de la cantidad ingente de tíos que van detrás de ella, a cada cual más espectacular. (Años más tarde descubriría que todo era mentira y que usaba fotos de chicos guapos *random* de internet para decirnos que eran sus parejas. Sinceramente, risas). Pero en ese momento me creía todas y cada una de sus palabras y me hacían sentir que si algún chico alguna vez iba detrás de mí era porque se había equivocado. Porque las chicas que no éramos como la Moni no merecíamos ser deseadas.

Pese a mi falta de peso, jamás logré verme delgada, en parte por los estragos que la bulimia estaba causando en mi cabeza, pero mayoritariamente por los múltiples *inputs* diarios que nos llegaban a las chicas de los años 2000.

Llamaban gorda a Drew Barrymore en *Los ángeles de Charlie*, llamaron gorda a Demi Lovato en 2008. A cualquier mujer que se saliese del canon impuesto de la delgadez extrema se la llamaba gorda y con ello la fuerza del rechazo social que esa palabra provocaba.

Yo no quería ser gorda, ninguna de ese grupo quería serlo. Pero todas, e incluso a veces la Moni, sentíamos que lo éramos. La estética impuesta de los años 2000 acabaría regalándonos un bonito TCA a casi todas las mujeres y muchos hombres que vivimos esa etapa.

Un montón de carcajadas hacen que salga de mis pensamientos. Miro a Sandrix, seguro que ha soltado alguna de las suyas. Es la mejor, si falta a clase, ese día se hace eterno y vacío. La admiro y la quiero más de lo que he querido nunca a ninguna amiga.

La observo bien, de arriba abajo. Lleva unas bambas blancas de Adidas redondas, las que usamos todas. Solo se aceptan estas o las TN, que son las que molan de verdad. Yo las llevo falsas y una tiene una suela más alta que otra, lo que hace que vaya cojeando mientras ando. Pero, eh, soy una chula con TN. Sigo subiendo la mirada: su pantalón vaquero está rodeado por un cinturón rosa de tela con una hebilla plateada y casi desgastada que sujeta más cinturón de lo habitual. Sandrix ha perdido siete kilos en muy pocos días. Lo hemos cuchicheado entre el resto del grupo, pero nadie se atreve a decirle nada.

Suena la campana y regresamos a las clases. Toca Religión y hay que leer en alto.

Alguien se presta voluntario.

—¡Sara! —grita Sandrix.

Maldita perra del infierno, a Sandrix le encantaba que yo leyese en alto porque soy disléxica y no decía bien ni una de las palabras que ponía en el libro. Eso hacía que se mease de la risa y gritase: «¡Pero que no pone eso, Sara, que acabas de cambiar toda la historia!». Y, para qué mentir, yo me partía también. Si mi amiga quería show de comedia en Religión, ¿cómo negárselo?

—Desde el principio, Dios creó al ser RUMANO con el deseo de hacer el bien.

—¡SARA, PERO QUE PONE «HUMANO»! JA, JA, JA, JA, JA. ¿QUÉ RUMANO?

Se terminan las clases y llega el mejor momento del día, la vuelta a casa que se alarga dos o tres horas, en las que la Sandrix y yo rajamos sin parar en el banco de la esquina que estaba a mitad de camino de nuestras casas mientras nos zampamos todos los bollos que hemos comprado en el súper como merienda.

—No, hoy no voy a merendar nada —me dice Sandrix—. Mejor vamos a dar un paseo mientras hablamos.

Comenzamos a caminar, siento que tengo que decírselo.

—Sandrix, has perdido mucho peso en muy poco tiempo, cuéntame qué está pasando.

Las risas de Sandrix desaparecen.

—Tú no eres mi madre, a ti no te tengo que dar ninguna explicación.

—Ya, pero soy tu amiga y estamos todos preocupados.

—No me seas falsa, Sara, a vosotros os tiene que importar una mierda lo que yo haga con mi cuerpo.

—Ya, pero, Sandrix, sabes que esto puede acabar mal y si no lo paras tendremos que pedir ayuda a tus padres.

De repente noto la cara más caliente de lo normal, Sandrix me acaba de cruzar la cara. Está gritando en mitad de la calle:

—¡TE HE DICHO QUE TÚ NO ERES NADIE PARA METERTE!

Sigue gritando, no para de gritar, no la conozco. Mi mente vuelve a hacerlo.

PIIIIIIIII

No escucho nada, no sé cómo afrontar nada, la sigo mientras sigue gritando. Siento un dolor en la boca de mi estómago que me dice que mi amiga ya no está.

Ella se adelanta unos pasos más mientras continúa gritando. Yo me giro y corro hacia mi casa. Mañana será otro día.

Y así sucedió, fueron otros muchos días y meses y años en los que la bulimia se convirtió en la principal protagonista.

Retomando la frase del principio, la bulimia en un grupo de amigos es como lo droga, todo el mundo lo hace, pero siempre hay uno o una que va a caer en el pozo.

Y ella cayó, cayó con todo el equipo y sin disimularlo. Las tardes de *SingStar* venían con orquesta añadida en el baño tras cada atracón de Cheetos. Sus huesos comenzaron a asomar por todas las partes de su cuerpo. Le creció pelo en la espalda, se desmayó en la biblioteca. Vomitaba delante de ti si hacía falta, en la misma mesa, y decía que es que le habían sentado mal las patatas por el gluten y seguía como si nada.

Fueron muchos años a su lado viendo cómo la bulimia se llevaba a mi amiga mientras yo creía mantenerla a raya.

El problema de esta enfermedad es que no solo te afecta físicamente, es que tu obsesión por estar delgada puede influir en todos los ámbitos y relaciones de tu vida, llegando a volverte violenta, irascible e incontrolable.

Había escuchado mil veces historias de chicas que habían muerto por esta enfermedad. Sentía que, si me separaba de ella, cualquier día me llamarían diciendo que ya no estaba. Por eso no podía pasar un día sin saber de ella. Por eso, y porque a veces la enfermedad nos daba una tregua y las risas volvían, mi amiga regresaba.

Los problemas de Sandrix cada vez iban a más: compras compulsivas, problemas en su casa, episodios violentos.

Hasta que un día, con veintiún años, tuve que decir basta. A Sandrix le había dado otro de sus episodios de estar fuera de sí, pero esta vez no fue un bofetón. Fue una puta pelea de ring. Sandrix iba borracha, más de lo que debería. Me negué a darle más alcohol. En ese momento se abalanzó sobre la botella de sangría que tenía en mi mano. Igual que la niña del meme ese que sale de una telenovela en la que un doctor enciende un porro y la cría se abalanza sobre él como poseída por el mismísimo demonio.

Pues así se lanzó Sandrix sobre mí. Al ver mi negativa, me agarró del pelo y empezó a tirar. La agarré también yo del pelo en defensa y, cuando nos vi de repente una frente a la otra haciéndonos daño, quise pararlo. «¡Sandrix, suelta a la de tres!». Conté hasta tres y solté, pero ella tiró con más fuerza. La furia se apoderó de mí, quería reventarla, pero si le pegaba le iba a hacer mucho daño, porque pesaba mucho menos que yo y tenía la misma fuerza que un crío de cinco años. Mientras luchaba por deshacerme de sus golpes solo pensé: **«Nunca te haría daño».**

Entré al baño a limpiarme las lágrimas. Sandrix gritaba en el salón:

—¡FUERA DE MI CASA!

—¡VALE, PERO PRIMERO ME PEINO! —le contesté.

Me fui corriendo hacia mi casa. Sandrix empezó a perseguirme, había perdido los papeles. Gritaba que volviese, que todo había sido una broma. Luego volvía a gritar que era una zorra por llegar tarde a su fiesta y por haber follado con mi novio. Que todo el mundo se enterase de que era una guarra.

Corrí a mi casa. Pasadas unas horas el teléfono no paró de sonar. Era Sandrix, borracha, diciendo que me quería.

Jamás volví a contestarla, jamás volví a saber de ella, ya me daba igual si a la mañana siguiente se levantaba viva o muerta porque yo no podía hacer nada más. Todo lo bueno había desaparecido, la bulimia nos había separado para siempre.

A C, a M, a A y Z. Nunca os dejé de querer.

LA MINITURRA ⑤
EL PARÁSITO

La bulimia es un parásito mental que nubla tu mente y mirada hacia el mundo. Es un virus que se instala en ti cuando las exigencias, comentarios e *inputs* del entorno se introducen en tu ser mientras buscas de manera desesperada el cariño y la aceptación de tu entorno. ¿Y quién no busca esto? Somos seres sociales, nos aterra la soledad, sentirnos fuera del grupo. **La muerte social duele más que la muerte eterna. Porque te exige seguir existiendo mientras sientes que no mereces ni respirar.**

Entonces, si te dicen que para pertenecer y ser querido en eso que llamamos sociedad tienes que cumplir ciertos cánones, ¿por qué no hacerlo? O lo que es peor: debo hacerlo.

Ese sentimiento de «deber» es el que te lleva a obsesionarse con cada gramo de la báscula. El miedo a que un día la palabra GORDA vaya por delante de tu propio nombre, eliminándote del mapa como persona y transformándote en un concepto al que es mejor ni siquiera mencionar. Y, si se hace, irá acompañado de clichés o risas que degradan cada uno de tus actos sin haber hecho nada, bueno, sí has hecho algo: ser gorda.

No es hasta que me he puesto con este capítulo cuando me he dado cuenta de que todo mi grupo teníamos un TCA.

Lo único es que irónicamente este se cebó con Sandrix. Al llevarlo ella más lejos que nosotras, nos creó, o por lo menos a mí me creó, una falsa sensación de que conmigo estaba todo bien, pero nunca estuvo bien. Lo único que pasó es que no se desmadró hasta años más tarde. Y cuando digo se desmadró me refiero a hacerse visible.

Mientras más o menos entres en los cánones nadie te acosa a preguntas sobre tu relación con la comida. Cuando pasas los límites, ya sea hacia abajo o hacia arriba, es ahí cuando llega la gran pregunta que a más de una y uno nos han hecho: ¿por qué te haces eso? ¿Por qué me hago el qué?, me llegué a preguntar cuando empecé a subir de peso.

¿QUÉ ME ESTOY HACIENDO?

Lo mismo que cuando era delgada, supongo, tener una relación de mierda con la comida, lo único es que ahora lo señalas porque te molesta.

Hay un punto de mi vida en el que poco a poco dejé de vomitar cada día y esto se marcó aún más cuando me independicé y comencé a vivir con desconocidos. Simplemente me mataba la vergüenza de que me escuchasen. Pero el TCA ya estaba ahí, sentadito a mi vera, y no pensaba marcharse. Durante unos años conseguí mantenerme, algún atracón de vez en cuando. Pero, cuando la ansiedad y la depresión tomaron el trono, los atracones, que siempre habían sido la mejor parte del proceso, se volvieron mi lugar seguro.

La voz de mi yo adolescente ansiosa por ser delgada, a la que llamaremos a partir de ahora «la voz de la vergüenza gorda» nunca se calló. Tan solo la escondí en un lugar profundo y cada vez que gritaba: «¿Qué haces? ¡No ves que estamos engordando!», yo le gritaba más fuerte: «¡No ves que me quiero morir, que me da igual ya todo! ¡Aquí es el único sitio donde encontramos un poco de dopamina!».

Y así es como la bulimia se transformó en trastorno por atracón. Y es también como dejé de mirar la báscula y de mirarme al espejo. No quería existir. Cada noche soñaba con ser solo aire, un concepto de verdad, un ser etéreo que no tuviese responsabilidades monetarias ni alimenticias, que no sufriese por lo que los demás hacen o dicen. Simplemente ser algo volátil que charlase de vez en cuando con la gente, buscando encontrarle algún sentido a eso de estar viva.

Sara García

17-21 años

Peso: 63 kg

Tenía Tuenti y Facebook

TODO EL MUNDO QUIERE FORTUNA, DINERO Y LIBERTAD, PERO ~~PEDIRTE A TI~~ PEDIRME A MÍ NO ESTÁ DE MÁS

Hablemos del amor, del maldito amor, de esa trampa social que nos venden para poder cumplir con todo el plan que tiene preparado la sociedad para nosotres. Naces, creces, te enamoras, te reproduces y mueres. Y, en las siguientes generaciones, vuelta a la rueda.

Yo lo he hecho fatal, bueno, lo estoy haciendo fatal. He nacido, bien, he crecido, o eso creo, me he enamorado, me he desenamorado, me he enamorado en un segundo, me he desenamorado en varios días, me he enamorado muchos años, he tardado siglos en desenamorarme, me he enamorado de varias personas a la vez, me he desenamorado de nuevo. No me he reproducido ni hago mucho esfuerzo por ello y aún no he muerto. Todo mal, ¡que me quiten el carnet de ciudadana!

Pero hablemos del amor, amor como lo llama Lola Flores al cantar su canción «Hey!»: «Está el amor de los amigos, el amor de la familia y el amor amor. Pero casi nunca es correspondido con la misma fuerza por parte de los dos. Siempre uno quiere más que el otro. Ahora, de tener que elegir, es preferible siempre querer que no dejarse querer».

Sobre la experiencia de este sentimiento hay muchas mentiras, pero en las palabras de Lola ninguna. Yo soy de las de querer, yo y muchas, creo. **Porque a las mujeres nos enseñan desde bien pequeñas a querer, a cuidar, a darlo todo por la persona que nos acompañará, supuestamente, el resto de nuestros días.** Nos llenan la cocotera de cuentos con finales de «y fueron felices y comieron perdices». Nunca me he comido una perdiz y espero no hacerlo. En lo que respecta a ser feliz, sí lo he sido, muchas veces, y por amor más. Pero, como dijo la gran sabia Shakira: «Del amor al odio hay un paso».

Mi primer amor nunca fue mi pareja ni me dio un beso. No tengo una historia bonita que contar, pero sí recuerdo esas mariposas en el estómago por primera vez; la sensación de querer pasar horas y horas con él muerta de la risa con cada palabra que decía, echarle de menos, escribir sus iniciales y las mías juntas en carpetas, guardar su nombre como un secreto que solo se lo decía a las amigas, porque tan solo con escuchar el sonido de la primera letra hacía que mi corazón petase. Por entonces yo tenía trece años, pero mi primera pareja no llegaría hasta los diecisiete.

Mi primera pareja fue el Santi, un chavalito del grupo de amigos del instituto.

Recuerdo el día que empecé con Santi, era una tarde de viernes, hacía sol e íbamos a celebrar el cumpleaños de no sé quién en un garito del barrio. Durante esa etapa, todas mis amigas llevaban años metidas en la movida esa de tener novio e incluso FOLLAR. Pero yo por entonces solo me había dado unos besos hacía pocas semanas en un garito cutre de Alonso Martínez. No recuerdo al chaval, solo que era del Atlético de Madrid y yo por entonces fingía que me gustaba el fútbol para ver cómo la cámara enfocaba de vez en cuando a Fernando Torres y suspirar: «Ains, qué guapo». Así que, juntando ambos datos, dije: «Es el hombre de mi vida». Pero no volví a saber nada más después de que nos babeásemos la cara y nos diésemos el Messenger. Y está bien así.

El sentimiento de tener diecisiete años y apenas vida sexual y sentimental me abrumaba debido a las ganas veloces por crecer que se gastaban mis amigas. Así que cuando llegamos al garito y una de las chicas del grupo se me acercó y me dijo: «¿Tú quieres rollo con el Santi?», yo no lo dudé un segundo y contesté: «Sí».

¿Me gustaba el Santi? No. ¿Había hablado mucho con él? Tampoco. Pero al lío. En un abrir y cerrar de ojos estaba estampada contra la máquina expendedora de tabaco del bar comiéndonos la boca toda la tarde. Recuerdo que fue toda la tarde porque no viví ninguna experiencia más. Ahora me besas en público de seguido durante más de cinco minutos y te corto la lengua con los dientes del agobio. Pero, por aquel entonces, yo qué sé, eso es lo que se hacía, ¿no?

El caso es que a partir de esa tarde El Santi se volvió mi rollo oficial. Botellón al que íbamos, horas y horas del Santi comiéndome la boca con tanto ímpetu que yo acababa con la espalda y el cuello molidos. ¡Qué desagradable!

Tras varias tardes de babas y tirones en el cuello, el Santi y yo comenzamos a quedar a solas. Era un tío bastante divertido, inseguro con su físico, detallista y cariñoso. Me llamaba a todas horas, me escribía SMS diciendo lo mucho que me quería y, así, un poco presionada por el bombardeo de amor y por el hecho de pertenecer al mismo grupo, es como el Santi y yo acabamos siendo novios.

En su momento creía estar enamorada de él, pero hoy en día sé que no. La presión social por tener pareja, el miedo a no ser «una fresca que se lía con todos» y el terror a que si lo dejaba me quedaría sin mi grupo de amigos hicieron que durante cuatro años me convenciera a mí misma de que estaba perdida por él.

Pero en realidad estaba atrapada, como cuando JP le pidió matrimonio a RoEnLaRed en Disneyland y esta le dijo que sí, por miedo al «qué dirán ahora si salgo huyendo», y, lo peor, «¿adónde voy?».

Pese a esto, me grabé a fuego en la mente que le quería, que era el hombre de mi vida y que haría todo por y para él, como bien me habían enseñado.

Los primeros meses fueron increíbles, no lo voy a negar. Nacieron las mariposas en el estómago, las ganas de estar con él. Teníamos nuestros propios chistes internos. Nos llamábamos al llegar de fiesta para decirnos que no habíamos estado con nadie más y lo mucho que nos habíamos echado de menos. Le veía como el ser más guapo del mundo. Nos hacíamos regalos por nuestro aniversario y nuestros cumpleaños. Hablábamos de formar una familia…, y así pasaron cuatro años de puta tortura.

Porque cada segundo de felicidad con él tenía un precio que pagar del que apenas se hablaba en mi entorno ya que «eran cosas de pareja». Enfados repentinos por su parte que me hacían estar horas sentada en la calle llorándole para que me dijese qué había hecho esta vez para que se enfadase tanto conmigo. Horas y horas de ansiedad que acababan en un **«¿Por qué has hablado a tal chico?»** o **«Te he visto que TE MIRABAS con este otro».** Llegó incluso a montarme un pollo por Álvaro, ¡POR ÁLVARO! ¡QUE ERA GAY! Recuerdo sus pullitas: «Sí, ese mucho "Soy gay", pero bien que os mira las tetitas cuando os desnudáis, eeeh. Je, je, a ver si me voy a hacer yo así gay también». Yo me reía. «¿De qué te ríes, Sara?», me preguntaría ahora, pero en el momento él era el hombre, al que había que reírle sus gracietas, él era mi *man*, al que le debía hacer feliz con mi felicidad. Sus celos, sus putos celos, hicieron que cada vez me juntase menos con mis amigas, que no hablase con amigos por miedo, que cambiase mi forma de vestir y, lo peor de todo, que yo empezase también a tener celos.

Mi madre cada vez que salía de casa me miraba y me decía: «Sara, por favor te lo pido, de hombres celosos está el cementerio de mujeres lleno. Déjale».

«¡Tú no entiendes nada!», le gritaba. Pero mi madre sí que lo entendía. Pero tampoco podía hacer nada.

Respiremos un poco después de tanto drama. Recuerdo una de las peleas: estábamos tumbados en el césped del parque de Aluche. Todo iba bien hasta que se desató una discusión más de las muchas que teníamos. Yo lloraba y gesticulaba con el ímpetu que me caracteriza hoy en día en el escenario, pero más dramática, más expresiva que nunca. En una de estas fui a mirar la hora en el móvil, pero estaba manchado. Retiré el barro con mi mano, mi mano se fue a los ojos para limpiarme las lágrimas y... No me lo puedo creer... ¡Es mierda! En plena pelea me estaba restregando mierda a mí misma por la cara, por la camiseta, el pantalón... Mierda de perro, tenía mierda por todas partes, todo olía ¡A PUTA MIERDA! Él se dio cuenta, quise restregarle mierda a él también para no sentirme tan sola, pero fue rápido y me esquivó. La discusión paró. No podíamos dejar de reírnos. Buscamos corriendo un bar en donde me limpié como pude. Y el resto de la tarde fueron risas. Pero me quedó claro el mensaje del universo.

SARA, POR FAVOR TE LO PIDO,
DE HOMBRES CELOSOS
ESTÁ EL CEMENTERIO
DE MUJERES LLENO.

DÉJALE.

ESA RELACIÓN ERA UNA MIERDA EN LA QUE ME ESTABA RESTREGANDO.

El Santi nunca me pegó, por lo que nunca consideré que lo que viví con él hubiese sido violencia, hasta que descubrí el monólogo de «No solo duelen los golpes» de Pamela Palenciano.

Cuando le di al clic por primera vez en YouTube nos visualicé, a él y a mí, durante horas y horas sentados en un banco en silencio discutiendo por celos, con los insultos, la presión social del entorno con el «son solo cosas de parejas». El monologo de Pamela Palenciano me cambió la vida, me ayudó a liberarme de cosas que había dado por normales, aunque que no lo eran. Aun así, al verlo pensé: «Bueno, a mí el Santi nunca me quiso hacer daño físico, o eso creía».

Uno de los mayores sueños adolescentes es tener un coche, ese es tu primer contacto con la libertad. Los padres de Santi le regalaron uno en cuanto se sacó el carnet. Era un coche choni choni, amarillo chillón, antiguo, pero quedaba bien guapo por el barrio. Con ese coche hicimos viajes, follábamos en descampados y prácticamente vivíamos ahí. Él amaba su coche y yo creía amar pasar tiempo con él.

Era una tarde de miércoles normal y corriente. Yo había ido a verle a su casa en bus y él me estaba acercando a la mía, que estaba exactamente a diez minutos en coche. Recuerdo el sitio, estábamos a la altura del polideportivo de Aluche y en el coche, muy probablemente, sonase Estopa. Íbamos cantando cuando sonó mi teléfono. «¡Hala, es Borja! ¡Qué ilusión, qué querrá!». Borja era uno de mis mejores amigos y uno de los pocos heterosexuales. Llevaba meses sin saber de él. No me acuerdo de qué decía el mensaje. Solo recuerdo mirar a Santi y verle con la mirada fija en la carretera, no me hablaba. Vi una ambulancia a lo lejos. «Hostia, una ambulancia, ¿qué habrá pasado?». Santi no me contestaba, continuaba con la mirada fija en la carretera. Levanté la mirada hacia donde la tenía él. Íbamos a sesenta, no era mucho, pero una fila de coches parados se podía ver a apenas unos metros, cada vez estábamos más cerca. «¡SANTI, FRENA!». Santi no me contestaba. «¡SANTI, FRENA, QUE NOS LO COMEMOS!». Santi no reaccionaba, solo miraba al frente y ¡PUM! Nos estampamos contra el coche.

Saltaron los airbags, sentí como todo mi cuerpo se iba hacia delante y el cinturón me clavaba las perlas que adornaban mi camiseta. Nos estampó con ganas el cabrón. Y digo nos estampó porque hasta hace apenas unos días pensé de verdad que solo había sido un accidente.

Salimos del coche, estaba destrozado. Intenté acercarme a Santi. «No me toques, esto ha sido culpa tuya», me dijo. Me quedé sentada esperando hasta que terminó todo el show de policías, ambulancias, papeleos. **Estaba en shock.**

El Santi se me acercó: «Llama a tus padres, que vengan a buscarte. Vete antes de que lleguen los míos porque van a estar enfadadísimos. Esto ha sido todo por tu puta culpa, porque me has dicho que mire a la ambulancia. Te he dicho mil veces que no me distraigas cuando estoy conduciendo. Siempre igual, **eres imbécil**».

Ya no recuerdo si vinieron mis padres o me llevaron los suyos. Durante años solo he recordado la sensación de culpabilidad ante esa situación. ¿De verdad miró a la ambulancia? No recuerdo que quitase la vista de la carretera ni un solo segundo desde que llegó el mensaje de Borja. Pero aun así le creí muchos años. Hasta hace unos días que le conté esta historia a mi amiga Claudia.

«Sara, no fue un accidente, te intentó matar. A mí me hicieron lo mismo, mi ex, el cual sí llegó a agredirme físicamente. Una noche yendo los dos en la moto la estampó contra un pivote y estando yo en el suelo me robó el móvil y empezó a escribir a todo el mundo que yo era una guarra. Es otra forma de violencia que se da mientras la otra persona conduce. A veces son solo silencios, otras es exceder los límites de velocidad, algunas dejarte tirada en mitad de la carretera y, la más grave, estamparse aposta para hacerte daño, aunque el daño también se lo pueda hacer él».

Cuando me lo contó me quedé en shock al saber que una de las personas a las que más quiero actualmente había pasado por algo así. Me dio un escalofrío en la espalda y pensé: «Yo, que llevo tantos años hablando e investigando sobre feminismo, y aun así no he caído. ¿Cuántas más formas de violencia he consentido en mi vida?». ¿Cuántas de las que aún no era ni consciente? ¿Cuántas cosas creemos que solo nos pasan a nosotras hasta que por fin hablamos y vemos que existen unos patrones de violencia que nos han afectado a todas?

Ojalá terminase aquí el capítulo, pero aguanté bastante tiempo más. Lo que me hizo librarme de él no fue asumir la violencia con la que vivía, no era tan espabilada. Lo que me hizo librarme de él fue la discusión sobre la elección de carrera.

Yo quería estudiar Psicología, pero también me llamaba la atención Publicidad. Se lo comenté y me dijo:

«Psicología es para los locos y tú ya estás lo suficientemente loca».

Le hice medio caso, porque llevan media vida llamándome loca, a mí y a todas, no quería que me lo dijesen más. A la hora de rellenar la solicitud de acceso a la universidad puse por delante las carreras de Comunicación Audiovisual, Publicidad y, como última alternativa, Psicología. A veces soñaba con que no me diesen ninguna y acabase en esta última. Pero tenía buenas notas, bueno, normalitas, así que entré en Comunicación Audiovisual, en la que tampoco pedían mucho.

Un día, en el primer año de carrera, me pregunté: «¿De verdad yo quería esto?», y recordé la voz del Santi: «Psicología es para los locos y tú ya estás lo suficientemente loca».

Este pendejo había decidido mi futuro con solo una frase, igual que había decidido quién podía hablarme o no, qué podía ponerme o no. Y todo esto mientras él hacía 24/7 lo que le salía de los cojonazos: tontear con mis amigas, vestirse como un mamarracho, salir cuando quería... Y yo, estúpida, sumisa, dejando que un niñato manejase mi vida.

Creo que ese fue el clic que hizo que dijese: «¡Hasta aquí!». Porque, como dice Rosalía: «Todo el mundo quiere fortuna dinero y libertad, pero pedirte a ti no está de más», pedirme a mí no está de más.

Sara García

21 años

Peso: 63 kg

Ya no usa Tuenti, ahora solo Facebook

EL AMARILLO DE ORO

Pasé los meses posteriores a la ruptura como lo haría cualquier adolescente: dolida, pero con ganas de vivir. Saliendo de fiesta, conociendo gente, creando nuevos amigos y, en resumen, disfrutando. Me sentía bastante feliz, me lo pasé muy bien. Hice un nuevo grupo de amigos con los que salía los sábados y los domingos quedábamos todos en casa del Chiri a comentar las jugadas de la noche anterior. Nos otorgamos premios: el cubata de oro, el de plata, el de bronce y el honorífico a los que más la habían liado la noche anterior. Que Pedro había potado en mitad de la pista, cubata de oro y risas con Pedro. Que Laura había perreado hasta morir con unos guiris mientras hablaba lo que ella consideraba inglés perfecto, pero que la mismísima Corona de Inglaterra la hubiera denunciado por atentado terrorista contra el idioma, cubata de plata y más risas. Así contado no suena tan divertido, pero, buf, hoy en día aún los echo de menos.

En mitad de tantas risas, en esos días ocurrió una minicatástrofe: me fumé un porro, bueno, uno no, varios, muchos. A esto lo llamaremos **«LA FUMADA DE ORO»,** porque decir «menudo amarillo» queda bastante simplista.

Ahora mi relación con la hierba es prácticamente de amor incondicional, pero esto es porque la conozco y tengo conciencia de lo que hace, de cuándo estoy disfrutando y cuándo me estoy haciendo daño.

Soy de esa gente que defiende que las drogas no son malas de por sí, simplemente hay que saber tomarlas, cómo y para qué. Que lo malo es cómo estamos nosotros y el uso que hacemos de ellas.

En ese momento los porros y yo no éramos amigos. La última vez que los probé me había dado un chungo y esta vez me lo iba a volver a dar. Esto se debió a varias razones:

1. Consumí más de la cuenta. (Nadie te explica que con dos caladas puede que vayas a Narnia y vuelvas en cuestión de segundos). Casi todas las canciones y la cultura popular alrededor de ellos hablan de clavarte un leño gigante o de fumarte tropecientos de golpe. Así que, con esa info, todo para dentro. **Amarillo al canto.**
2. No sabía controlar lo que pasaba y sentía. Hay que entender que va a afectar a tu cerebro y a tu perspectiva de ver el mundo en ese momento, por lo que es

normal que salgan miedos que tenías escondidos. El más común es que te vas a morir. Consumir estupefacientes tiene que implicar entenderse muy bien a una misma para poder coger las riendas si ves que tu cabeza está empezando a irse por derroteros horribles. Pero esto no nos lo cuentan, solo nos dicen: «Un día una persona tuvo un mal viaje y se quedó en el sitio». Lo que hace que, cuando tengas un mal viaje, tu cabeza diga:

«¡DIOS MÍO, ME HE VUELTO LOCA PARA SIEMPRE! ¿Y SI NO SALGO DE AQUÍ JAMÁS?».

3. Tomé la hierba en un espacio que no era tranquilo. El porro potencia muchos de tus sentidos, en especial el gusto y el tacto. Pero, igual que potencia eso, también aumenta la paranoia, el sentimiento de que te observan. Por lo que si, como yo aquel día, fumas en un parque a escondidas para que nadie te vea hacer una maldad, entonces estás creando un escenario idílico para que te dé el mayor ataque de ansiedad de tu vida, y así pasó.
4. Los efectos se pueden calmar tomando un zumito de naranja, una frutita, chocolate. Y no son eternos. En algún momento, como todo en la vida, ese viaje va a terminar.

Pero yo no sabía nada de esto, solo que quería ser guay, así que cuando esa tarde me preguntaron: «¿Fumas?», ahí estaba yo, como el vídeo de «La más chula de Móstoles», tirada en el césped siendo la más mala.

No me sentaron bien. Enseguida empecé a notar algo raro en mi cuerpo, las manos me cosquilleaban, un frío horrible lo invadía todo. Intenté calmarme, pero la cosa solo iba a más y, encima, como no quería quedar mal, seguía fumando.

Así fue como me dio el mayor ataque de ansiedad de mi vida. Para cuando conseguí llegar a casa, sentía como si el corazón se me saliera por la boca, mis manos estaban heladas y cientos de pensamientos horribles y culpables volaban por mi cabeza. Me miré al espejo del portal: mis ojos estaban rojos color comunismo, mi piel blanca aria como el culo de un nazi y las ojeras marrones como la mierda que me restregué por la cara aquella vez.

Entré en casa sin saludar a mis padres, me metí corriendo en la cama y cerré muy fuerte los ojos pensando que si me dormía se me pasaría. Nada, todo iba a peor. Me levanté de la cama y me dirigí a la cocina, miré a mis padres y les dije: «Papá, mamá, he fumado porros y me voy a morir».

Mis padres fliparon fuerte y, pese a que querían montarme el pollo de sus vidas porque en mi casa el consumo de drogas era un pecado digno del mismísimo satán, no les quedó otra que calmarme. «Sara, tranquila, nadie se muere de una pálida», me dijo mi señora madre.

Corriendo fueron a buscar mantas para que dejase de temblar de frío, me dieron zumo y cosas dulces, me tumbaron en el sofá y se sentaron encima de mí para darme calor. Podrían haberme abrazado, pero la técnica de empollarme como a un huevo les pareció mucho mejor. Es más de su estilo.

«¿Ya estás mejor? Tranquila, Sara, que mañana estarás bien». Pero no fue así, al día siguiente me encontraba peor.

Me desperté con un dolor en el pecho horrible, no podía respirar, es más, no sabía ni si recordaba cómo hacerlo. Tenía la sensación constante de estar ahogándome. Era horrible.

Esa fumada había abierto de un portazo una habitación que estaba cerrada a cal y canto en mi mente. La habitación del dolor por la que había pasado en los años anteriores, con Santi, con Sandrix, con mis miedos, con mis frustraciones. Todo el dolor, ¡PUM! ¡De golpe en mi mente! ¡Y a la vez!

Me desperté e intenté desayunar y salir a la calle como cualquier otro día. Pero la calle ya no la sentía un lugar seguro para mí. A los pocos minutos estaba hecha un ovillo en mi cama y lloraba, lloraba y volvía a llorar. Nada podía parar mis lágrimas. Lloraba tanto que ya ni sabía por qué lloraba, solo que quería llorar. Y así pasaron los días: cada vez que salía a la calle sentía un miedo aterrador y me volvía corriendo a mi cama. A veces lograba llegar hasta el metro, pero a las dos paradas ya me estaba volviendo. A esto se le llama **agorafobia**. Lo descubrí mucho más tarde.

Mi madre, desesperada, me llevó a la doctora.

«Su hija lo que tiene es ansiedad generalizada. Tranquila, es normal, le pasa a mucha gente. Con que se tome tres lexatines al día se le pasará».

Yo: «¿Y ayuda psicológica?».

Doctora: «Para eso tienes que ir al psiquiatra…».

Mi cabeza:

«¡PSIQUIATRA! ¡OH, DIOS MÍO, ESTOY LOCA, SE HA CUMPLIDO LA PROFECÍA DEL MAL PORRO Y ME HE QUEDADO ROTA PARA SIEMPRE!».

Doctora: «… pero no te hace falta. Solo tómate esto por la mañana, al mediodía y por la noche».

Le hice caso, y ahora sé que no fue suficiente. Tardé meses en recuperarme de algo que, si una sola persona me hubiese explicado con calma lo qué me ocurría, por qué y de dónde venía el dolor, unido a unas semanas de terapia, se me hubiese pasado. Pero, nada, solo tenía las pastillas que me dejaban como un zombi al que nada le importaba y mis lágrimas en aquellos minutos en los que volvía a sentir.

Poco a poco se me fue pasando. Intentaba hacer meditación, escucharme, sentirme y luché contra mi mente, pero no sabía hacia dónde ir. Y, cuando ya no sabía por dónde tirar, busqué en internet ayuda psicológica gratuita y encontré una opción en la que te daban tres sesiones cubiertas por la Comunidad de Madrid.

Solo acudí a una sesión y decidí dejar de ir porque me vi hablando de temas que jamás había dicho en voz alta a nadie, y eso me asustó muchísimo.

Pero me sirvió para entender lo que estaba pasando. No había perdido la cabeza. Mi cuerpo me estaba hablando, había explotado y solo quería decirme: «Para, piensa, sana y entonces avanzarás».

Pasaron los meses, empecé a conseguir llegar a sitios cada vez más lejanos, a poder tomar algo con mis amigos pese a que me entrase el ataque en mitad de la cena y me tuviese que ir. Entre risas y algún cuchicheo, me ayudaron como pudieron. Así fue como comencé a aprender a vivir con esa nueva amiga que jamás me abandonaría: la Señora Ansiedad.

Aunque parezca un drama, para mí fue un regalo. **Aprender a entender mi mente, controlarla y escucharla es**

«PARA, PIENSA, SANA Y ENTONCES AVANZARÁS».

el trabajo más duro y genial que hoy en día sigo teniendo en mi vida, y que podrás llegar a tener. Esto es si quieres hacerlo, claro. Si vives en automático, puede que nunca pases por una experiencia así. Pero vivir eternamente sin sentir es casi imposible, tarde o temprano tu cuerpo te obliga a parar de una manera u otra. Y es entonces cuando comienzas a conocerte a ti misma. Así que, desde aquí, quiero mandar un besito a la ansiedad y otro a su mejor amiga, la depresión, que tanto me acompañan.

Poco a poco todo fue mejorando, bueno, no del todo, pero se podía sobrellevar, y en una de esas noches en las que pude salir de fiesta libre de lexatines y miedos en el cuerpo apareció él.

Sara García

21-24 años

Peso: 61-72 kg

Usa Tuenti, pero por poco tiempo, luego se pasará a Facebook, se ha abierto una cosa que se llama Twitter y tiene una Blackberry con la que puede chatear.

LA JAULA DE ORO

Tras la ruptura con Santi aprendí una cosa primordial, no quería dedicar mi vida, mis fuerzas y mis sueños a un hombre. Nunca jamás sería la primera dama. Me negaba en rotundo a ser esa gran mujer que está detrás de un gran hombre. Pero hay temas que por mucho que te los grabes a fuego se te olvidan o simplemente no sabes cómo se te ha liado la cosa para acabar tragando de nuevo aquella agua de la que dijiste que no beberías.

Esa noche estábamos en el Lemon, que es una discoteca que ya no existe de Madrid. No tengo ni idea de qué ropa llevaba, lo que sí recuerdo es que estaba muy orgullosa porque me había hecho un sombreado de ojos chulísimo.

Mientras estaba esperando en la barra para pedir una copa vi a una de mis antiguas compañeras de universidad llamada Yolanda. Buf, me caía fatal. Mi mente empezó a imaginar escenarios en los que le echaba la copa por la cabeza según me la sirviesen, creo que seguíamos en las horas de barra libre, así que doble placer para mis ganas de venganza y para mi bolsillo.

¿Cuál era nuestro conflicto?, os estaréis preguntando. Pues bien, se resume en que fuimos a un casting de azafatas de imagen juntas y a mí me cogieron y a ella no. Y, como a las mujeres nos han educado con que tenemos que odiarnos a la mínima de cambio, pues eso le pareció suficiente para romper nuestra amistad y crear todo un show alrededor. Por favor, ¿es aquí donde los premios de la sororidad y la madurez? Vengo recoger el nuestro.

Me resulta curioso mirar atrás y observar la cantidad de cosas estúpidas que nos han hecho odiarnos entre nosotras.

Que una lleva el mismo vestido que tú en una fiesta: drama.

Que tu amiga tiene otra mejor amiga: drama.

Que esa chica es la más guapa de la clase: drama, mala y zorra.

Que una chica sabe más que tú: drama, resabida y listilla.

A veces, cuando escribo estas partes me resultan de un feminismo que tengo ya tan superado que me cuesta hasta hacerlo, así que busco por internet y el primer vídeo que me ha aparecido al teclear «por qué las mujeres se odian» en YouTube me ha parecido bastante guay.

En él se exponen situaciones sencillas en las que básicamente nace la pregunta de por qué nos odiamos tanto las mujeres. La entrevistada contesta maravillosamente, habla de que ese odio se nos inculca desde muy pequeñas, al educarnos en el valor de la belleza y en cómo el resto del mundo nos valora. Esto nos hace estar en una competencia constante ya que dependeremos del juicio de los demás para la aprobación propia. Esto se da también en la educación de los hombres, pero en la de las mujeres está más acentuado.

Además, muestra un concepto superinteresante: la pérdida de identidad. Esto se produce cuando tenemos la imperiosa necesidad de encajar en los cánones sociales para ser aceptadas y acabamos todas pareciendo NPC (personajes no jugadores). Bueno, no lo explica de esta manera, así os lo explico yo.

Claro, ante este panorama, cómo no íbamos a estar cabreadas constantemente entre nosotras, si no nos han enseñado a valorarnos, a querernos, a respetarnos. Si nos han educado para competir y no para ser compañeras. Si nos han dicho siempre que solo puede haber una y que si una chica x había conseguido cualquier logro, eso significa que tú no tenías ningún valor porque «te han superado». Así, desde bien chiquititas, separándonos y educándonos en que nuestra admiración, esfuerzos y metas tienen que ser para ellos y nunca para otras mujeres o para nosotras mismas.

Estoy segura de que, si ambas hubiésemos sabido todo esto al conocernos, ninguna odiaría a la otra, sino que la estaría invitando a una copa, porque se habrían pasado las horas de barra libre y nos estaríamos echando unas risas.

Pero en aquel espacio-tiempo, la palabra «sororidad» o *sisterhood* aún no se había asomado a nuestras vidas, por lo que ese cubata chorreando por su cabeza a lo *cheerleader* americana me resultaba casi casi una fantasía sexual.

Laura, una de las chicas del grupo, me tiró del brazo sacándome de mis patriarcales ensoñaciones:

¡¿VAMOS A DAR UNA PUTIVUELTA?!

Y ahí estaba él en mitad de la putivuelta. Vi a un chico alto que llevaba un polo amarillo chillón y el cuello levantado hacia arriba. Agarré las solapas del polo y se las bajé desde su espalda. Se giró, pero no dijo nada, solo me sonrió. Es monillo, pensé. Pero continué con mi putivuelta a ver si encontraba algo mejor.

Al bajar las escaleras del baño me lo encontré: «Vaya, te estaba buscando. ¿Por qué me has bajado el cuello del polo?», me preguntó.

«Porque llevarlo para arriba es de *flipaos* y me estaba dando rabia», contesté.

(Dios mío, esto está muy a tres metros sobre el cielo, ¡qué angustia! Paremos esta pastelería).

A los pocos segundos ya estaba contra la pared con el gigante encima comiéndome la boca. Por suerte esta vez había descansos y se apartaba para hacer algún chiste o preguntarnos cosas de nuestra vida.

—Dame tu Tuenti, ¿no?

—Vale, por qué no: soy doña Sarita García, así tal cual con el doña.

—Genial, el mío es don Cristian Fernández.

—Es broma, ¿no?

—No. Ya lo verás cuando llegues a casa.

—Pues, adiós, don.

—Adiós, doña.

«Este chico está demasiado bueno y es demasiado guay, seguro que no voy a volver a saber nada él», pensé al verle marchar.

Llegué a mi casa y dormí el garrafón que nos habían metido en el cuerpo.

A la mañana siguiente me metí en Tuenti. *Don Cristian Fernández quiere ser tu amigo.*

«Andaaa, pero a quién tenemos por aquí», pensé.

Al chico del que más enamorada vas a estar en tu vida, guapa. Agárrate, que vienen unos años fuertes.

Me enamoré de Cristian como una adolescente, no podía dejar de mirarle, era la persona más guapa del mundo, el más gracioso, el que mejor me hacía sentir. Dormir a su lado era toda la paz que necesitaba, casi como meterme 100 lexatines por el culo, y verle despertarse por las mañanas, con olor en la poza los dos, era un viaje sensorial que me hacía rozar el nirvana con música épica. En resumen, le quería mucho, muchísimo. Pero ¿me quería él a mí? ¿Había aprendido a valorar mis deseos? ¿Mis espacios? ¿Mis amistades? Había aprendido algo de mi antigua relación. Sí, sí que había aprendido una cosa, como bien cuenta Pamela Palenciano en su monólogo: **«Lo peor que hizo Antonio (en mi caso, Santi) es hacer que me transformase en él»**.

Al principio todo iba bien, pero enseguida comencé a ser celosa, a enfadarme constantemente, lo que le llevó a él a tomar la misma actitud conmigo. Pese a todo, y a que algunas situaciones fueron gravísimas, las recuerdo entre risas, en especial la ocasión en que se presentó a las tres de la mañana en mi casa con las manos manchadas de algo aceitoso y negro. Le pregunté que qué hacía y me dijo que había saltado la valla del portal porque decía que, si me llamaba al telefonillo, a mi amante le iba a dar tiempo a escapar. Mi amante: literalmente mi amiga Melissa roncando con un colchón en el suelo. Años más tarde sí que me metería un pipetazo con ella. Pero en ese momento nuestra heterosexualidad era absoluta. Así que algo de razón tenía, lo único que se equivocó de espacio y de tiempo.

Sobre mis episodios de celos, yo los tenía en especial con su mejor amiga, que se llamaba Inés. Recuerdo cómo se me llevaban los mil demonios. Por aquel entonces me mantenía en mis trece con la idea de que los hombres y las mujeres sí que pueden ser amigos, pero ¿cuánto de amigos? Inés no me había hecho nada, ni siquiera me la había presentado en persona. ¡NADA! Pero su mera existencia levantaba en mí todas mis inseguridades. Ella era más delgada, tenía más cosas en común con él, se conocían desde hacía más tiempo. En resumen, la veía como competencia y no lo podía soportar. Así que le alejé de su amiga.

Cristian me lo dio todo desde el principio, me abrió las puertas de su mundo, sus hobbies, su familia, y me lo entregó como si fuera mío. Yo, ensimismada con tanta atención, fui dejando mis aficiones para ver cómo él jugaba al baloncesto todos los fines de semana. Descuidé muchas de mis amistades para pasar tiempo solo con él, pese a que jamás me pidió que lo hiciese. En resumen, repetí los mismos patrones que con Santi, pero esta vez de manera automática.

El mundo de Cristian era sencillo: todo giraba alrededor del deporte, ver partidos y salir de vez en cuando. Me adoraba y quería que estuviésemos todo el día juntos; además, hablaba orgulloso de mí a su entorno. Pero a mí es que el deporte sin más..., yo soy más de darle al palique hasta que me duela la cabeza. Le quería, pero el tiempo nos demostró que no teníamos nada que ver.

Me volví a dar cuenta de que no estaba donde quería estar. De nuevo me había encerrado en un hombre olvidándome de mí misma. Me había creado una jaula de oro y había echado la llave por dentro.

Así que, con los celos, las discusiones absurdas y el paso del tiempo, todo acabó saltando por los aires.

Aunque antes de despedir este fragmento de mi vida, una última anécdota.

A veces la vida dice:

ME HABÍA CREADO UNA JAULA DE ORO Y HABÍA ECHADO LA LLAVE POR DENTRO.

«Ven, que te pongo en tu sitio».

Pasados unos meses de terminar esta relación, me salió uno de los múltiples trabajos de azafata que solía coger. Sí, mi gente, esta gorda trabajaba de azafata de imagen. Esta gorda se cosificó vendiendo detergente por 4 euros la hora con minifalda y tacones en un súper cuando aún no era gorda, pero del trabajo hablaremos ahora.

Total, que tuve que ir a un congreso. De todos los puestos que podrían haberme dado ese día, me tocó estar en una mesa a la que no acudía casi nadie con otra compañera al lado. ¿Y quién fue esa compañera? Inés, la mejor amiga de Cristian. La conocí ahí por primera vez. Hablamos durante horas, era una tía majísima. Me sentí muy mal por todos los años en los que su nombre había revuelto mis entrañas, por todas las películas que me monté alrededor de mis propias inseguridades, por haberla odiado sin conocerla.

Ahí la vida me metió el primer bofetón de realidad. **Si no hubiese crecido con la construcción social del miedo y el odio a la otra, la hubiese conocido antes y puede que hubiese pasado muy buenos ratos con ella.** O no, simplemente puede que nuestra relación hubiese sido sin más, o que de verdad ella hubiese acabado con Cristian. Nunca se sabe, nunca se sabe nada. Lo único que sí que tengo seguro es que me hubiese ahorrado horas y días de disgustos.

LA MINITURRA ⑥
EL ODIO A LA OTRA

Las mujeres son malas, las mujeres se odian entre sí, las mujeres, las mujeres, las mujeres...

Hace unos días estaba sentada frente a mi psicóloga, que también se llama Inés, por cierto, y a la que le debo en gran parte estar viva.

GRACIAS, ERES LA MEJOR.

—Siento que ya no soy la que era, esa fuerza que me hacía ser reivindicativa, señalar las injusticias, luchar y gritar en un escenario en nombre del feminismo. Todo eso hizo que me pusiese a demasiada gente en contra, pero en ese momento te juro que sentía que no podía parar.

—¿Por qué crees que lo hiciste, Sara?

—¿El qué?

—Todo. ¿Qué te movía?

—Ellas.

—¿Cómo que ellas?

—Desde que nací he tenido el sentimiento de perder a demasiadas mujeres que quería por el camino por cosas que los hombres jamás hubiesen vivido. Mujeres a las que he querido como hermanas. Entendí, gracias al feminismo, que eso pasaba porque nos habían enseñado a aislarnos las unas de las otras desde muy pequeñas. Nos dicen: «Solo puede haber una», «Es tu amiga, pero...». Siempre alerta, siempre con ese sentimiento de que la soledad puede llegar en cualquier momento, porque tus amigos son tus amigos, pero, cuidado, porque nunca serás un hombre y, por tanto, jamás te tratarán como un igual, y, en cuanto a tus amigas..., «las mujeres no pueden ser amigas». Quería recuperar eso que sentía que la sociedad me había robado y llevaba años robándonos para así beneficiarse de nosotras.

—¿Qué os había robado?

—Nos, Inés. Nuestra unión.

EL TRABAJO

Hace unos días que grabé uno de mis capítulos favoritos de Riot Comedy Podcast (proyecto también autoproducido por mí que nace de un *crowdfunding* que hicimos después de la pandemia, luego os hablo de esto) al que acudió como invitada (redoble de tambores) ¡Pamela Palenciano!

¡Me sentía tan feliz de tenerla en la mesa sentada conmigo!

Pamela lleva años subiéndose a los escenarios de institutos para concienciar de la violencia en las relaciones sentimentales por medio de su monólogo, el que os mencionaba en capítulos anteriores y que, además, está publicado en YouTube. Pamela ha abierto los ojos de miles de mujeres, pero también se ha expuesto demasiado, como hemos hecho muchas en esta lucha. La mierda del activismo es que lo de la paguita feminista es mentira. Y, si quieres tener un discurso que rompe la norma, te toca echarte tu trabajo a las espaldas y luchar contra viento y marea. Me siento muy identificada con ella.

Antes del programa mi cabeza estaba en su pleno barullo habitual: **¿llegaré a final de mes? ¿Podré pagar los gastos del mes que viene?** Con lo que ganemos hoy puedo pagar bien a Eli y Álvaro, la técnica y el cámara del programa. ¿Están bien puestas las luces? Joder, qué cansada estoy, creo que tengo fiebre, eso me pasa por ponerme escote el sábado, pero si no trabajo no hay pasta ni para ibuprofenos, y también quiero vivir un poco. Voy a montar las mesas.

Ojalá las cosas fuesen más fáciles, llevo cuatro años en esto y no hay mes que no sienta que mi carrera termina aquí para siempre, además no tengo un duro en la cuenta para poder descansar, encima no he entregado el libro, todo lo que gano lo invierto en vivir en... Joder, qué palo me ha metido Hacienda este mes, cómo coño voy a pagar esto**, debería dejarlo, debería rendirme, no me merece más la pena**.

El caso es que Pamela llega con su hermana antes de que entre el público, están sonrientes. Me dicen que les hace mucha ilusión estar aquí. Me mantengo agradable y seria porque tengo la cabeza en comenzar el show. Ellas no saben cómo me llena que Pamela vaya a estar en el programa.

NO LO SABEN BIEN.

La sala está abarrotada, principalmente de mujeres. Una de ellas me ha traído un porro gigante de regalo. Casi me emociono. Gracias, lo voy a necesitar después.

Se encienden los focos y comienza Riot Comedy Podcast. Ya no soy Sara García, ahora soy Penny Jay. Respiro, inspiro:

«¡A dar show, perra!», me digo a mí misma.

Pamela está sentada a mi lado. Entre risas cuenta algo que se lleva mucho tiempo sabiendo pero que no forma aún mucha parte del discurso público y yo tengo ganas de ello: el acoso digital que ha recibido, las denuncias con las que ha tenido que luchar por parte de asociaciones y partidos políticos contra su monólogo, las amenazas, el tener que actuar con policía en la puerta, e incluso que la llamen de una ONG que protege a activistas porque está en el punto de mira de cualquier crimen de odio o, mejor dicho, la llaman de una ONG para avisarla de que le pueden meter una paliza en cualquier momento por su monólogo.

Las risas continúan, pero el tema está en la mesa. Las mujeres de la sala nos observan con asombro y otras miles lo harán al publicarse el programa.

Miro a Pamela y me conmueve que se haya sentido apartada mucho tiempo, sin sus compañeras, luchando en mitad de la nada junto con su hermana. Ahora está con nosotras, hablamos de haber pasado por situaciones parecidas, no está sola, no estamos solas. Entonces recuerdo mi vida, mis valores, mis sentimientos y mi cabeza me dice: «Por esto merece la pena, esta era la razón por la que he hecho todo, estos minutos de sororidad y lucha son los que me mueven. Solo quiero justicia y libertad para nosotras».

Pamela pone un tema sobre la mesa. Está sorprendida de que una chica adolescente hace unos días se pusiese en su contra antes de un monólogo, llamándola feminazi.

Y entonces caí, esa chica podría haber sido yo, porque de adolescente no sabía nada y creía saberlo todo. Sentía que posicionarme en el pensamiento masculino me hacía especial, diferente a las demás. La famosa frase «Yo soy como un tío» me llenaba por dentro, me hacía sentir «diferente». En esa etapa cada palabra que sale de tu boca tiene más que ver con tu búsqueda de aprobación que con una lucha real. En especial, si vives en casa de tus padres con tus necesidades básicas cubiertas. No es hasta que empiezas a buscar tu libertad cuando entiendes el veneno que une y mueve a la sociedad. Mientras vives en el nido, todo lo malo del mundo te parece ficción, alejado de tu ser, lo vives todo como si tuvieras puesta una película mala de fondo.

Por tanto, la misoginia, el racismo y el clasismo se me quitaron de un plumazo cuando crecí, especialmente cuando he tenido que ganarme mi propia vida y mi propia libertad sin apoyos y con mucha ambición. Como diría un *boomer*: **«La tontería se me quitó trabajando».**

Pero hablemos ahora de mi currículum vitae, veamos que currículum tiene esta tarántula:

Pertenezco a esa generación a la que le vendieron que, si tenías unos buenos estudios, conseguirías un buen trabajo, que emprender era fácil y que la vida vendría rodada nada más salir de la universidad. *Spoiler*: nada de eso se cumplió.

Mi relación con el dinero empezó en el momento que quise tener vida social, así que sobre los dieciséis. Nunca he tenido una familia que mantener ni a la que ayudar,

DE ADOLESCENTE
NO SABÍA NADA
Y CREÍA SABERLO
TODO.

como le puede haber ocurrido a mucha gente. Pero, aun así, mi economía era limitada, mis progenitores siempre han tenido una norma sencilla: mientras estés bajo nuestro techo no te va a faltar de nada en tema de comida y educación, pero el ocio y los caprichos te los pagas tú. Así que ni sé ni sabré nunca cuál es o era la situación de mi familia y ni me afecta ni me importa.

Esto hizo que pueda hablar con orgullo de mi «primer trabajo»: como público de *El diario de Patricia*. Vale que no era un trabajo, pero me hace ilusión contarlo. Con dieciséis años me iba con Aitana a todos los programas que podíamos a cambio de un bocadillo y 15 euros. Evidentemente eso no era dinero, pero para pagar la entrada de Kapital nos valía.

Lo curioso de todo esto es que yo tenía pánico a las cámaras. Aitana siempre hacía que nos pusieran en primera fila y después llegaba orgullosa a casa diciendo: «Mamá pon la tele, que salgo con la Sara». Y yo durante toda la grabación tiesa como el meme del zorro en una silla porque pensaba: «Buf, me van a ver la cara miles de personas. ¡Qué vergüenza!» Y ahora mírame… Siendo influencer de la mierda.

El segundo trabajo que recuerdo también lo consiguió Aitana, era de teleoperadora, haciendo encuestas algunos días. Éramos un montón de menores con teléfonos gritando metidos en cubículos de madera y nos pagaban en negro. Cuando vi el percal, le pregunté a Aitana: «¿Estás segura de que no nos van a secuestrar a todos?». Pero Aitana era Capricornio, así que testaruda y contundente como ella sola: «No, no nos van a secuestrar. Esto lo hizo mi prima hace unas semanas y no la secuestraron». «Ah, pues perfecto, me quedo más tranquila».

A los dieciocho llegaron los trabajos de azafata de imagen, esos sí que eran para que te secuestraran en cualquier momento. Creo que sigue funcionando igual ahora. Por aquel entonces tú te hacías un perfil en una web en la que tenías que especificar tu peso y tu altura, además de añadir fotos. Luego te apuntabas en todas las ofertas lo más rápido posible para conseguir que te llamasen para la entrevista. Después ibas al culo del mundo a que una chica certificase que eras la de las fotos y ver si así les cuadrabas para sus ofertas. Y, tras este largo camino, señor Frodo... ¡A promocionar yogures al súper por 4 euros la hora! Luego las había de más, de 7 y hasta de 12 euros la hora si trabajabas por las noches.

Lo que recuerdo de esos trabajos, porque curré mucho, muchísimo de eso, era lo lentooo que pasaba el tiempo y el dolor de piernas de estar de pie con tacones sin hacer absolutamente nada.

Pero también recuerdo la superficialidad, la cosificación. El día en que un cliente insistió mucho en que me fuera a cenar con él porque pensaba que, además de hacer la mona por dos duros durante horas y horas en un stand, también zurraba la sardina. El día en que un fotógrafo me empezó a escribir porque había conseguido mi correo al tener que pasarme las fotos que nos había hecho. Le había comentado que me molaba la fotografía y era verdad, un día hasta gané un concurso «DE RADIO» (leer con voz de Aramís diciendo «*¡Sálvame de tarde!*»), cuidado con el nivel de mi arte malasañero. Total, que con la excusa de que nos gustasen las camaritas se me abrió y enseguida me mandó su fotografía favorita. Era un tío que hacía fotos en catástrofes a cuerpos sin vida. Y pensé: «Gracias por el *spoiler* de lo que habría pasado si quedo contigo». ¡BLOCK!

Lo bueno es que con lo que gané **me pude comprar el primer ordenador para poder editar y una Canon 650 que aún conservo**.

Y así pasaron mis ventipocos, faltando a la universidad para promocionar lo que fuese y los veranos haciendo becas. Ains, las becas…

Primero fui becaria en una importante cadena de radio, cobraba 130 euros el mes y nos descontaban 2,50 eurillos por cada comida en la cafetería. Pero lo que aprendí ahí fue increíble, me enseñaron a locutar y me dejaban hacer una pregunta al entrevistado o a la entrevistada que yo misma había conseguido para la sección. Me temblaba la voz cada vez que el locutor decía: «Y ahora vamos a dar paso a Sara García». Y yo como un flan. Ahora tengo dos podcasts semanales en los que hablo sin vergüenza ninguna.

La segunda beca fue en una productora dentro de una importante cadena de televisión, ahí me metí mi primer palo laboral. Pero eso ya es agua pasada. Os contaría que me esforcé más de la cuenta por conseguir la aprobación de una directora que ni me miraba a la cara, porque no era tan guapa como la otra becaría a la que renovó, que era lo que yo más soñaba en ese momento. Nadie entendía el porqué, ya que mi compañera se pasó los meses literalmente apagando la pantalla del ordenador para peinarse y paseando por los pasillos de la cadena. Por aquel entonces la odiaba, pero ahora lo miro con perspectiva y pienso: «Menuda crack». En realidad, toda la renovación era para acabar ofreciéndole un puesto en el programa *Llama y gana*. Eso me sacó de quicio porque pensé: «De verdad me voy de la mierda de ser azafata para que en un curro de producción también nos tengan que validar y poner a competir a dos mujeres por su físico». Pero, sinceramente, de la que me libré.

Para cuando ya tenía veinticuatro años estaba agotada, yo solo quería irme de mi casa de una puñetera vez, no me interesaban más becas, solo quería un trabajo. La relación con mi familia nunca ha sido la mejor, mis ganas de huir se remontan a mi nacimiento. Así que el último verano, nada más terminar la carrera, conseguí algunos «trabajillos»: que si unas fotos por aquí, que si un vídeo de animación por allá. ¡VÍDEOS PARA BODAS! Se me había olvidado que había hecho vídeos para ¡BODAS! ¡PERSONALIZADOS! Hacía unos muñecos a mano, les cosía la ropa y los animaba en *Stop motion*. Después les añadía las voces de la persona que me había comprado el vídeo, habitualmente la hermana de la novia, y les metía fotos de la pareja. ¡PEROOO CÓMO HABÍA PODIDO OLVIDAR TAL HAZAÑA! Y después los muñecos los entregaba de regalo con el vídeo.

¡PERO MENUDA ENTREPRENEUR!

Se acabó la Riot, mi gente, me vuelvo a esa mierda.

Total, cogí la poca pasta que tenía y me independicé. Ah, y ese verano entre todo esto nació el que sería mi primer proyecto en internet: «Abuela, salgo en YouTube», más tarde «Abuela, salgo en la Net».

En Madrid, lo digo así porque vivía en el centro, conseguí un curso gratuito de una empresa privada creado para dar empleo a los jóvenes que nos formó en Marketing Digital. Era mentira, al salir no hubo nada, solo becas y más putas becas.

Hablemos de la última beca que hice en mi vida y de mi épico primer encontronazo con el increíble mundo de la publicidad.

LA BECARIA

Fue, juraría, en el verano de 2014, ya se me pierden las fechas. Tenía veinticuatro y me flipaba internet. Me flipaba muy fuerte. Veía como gente con poco presupuesto de repente se hacían ídolos de masas en poco tiempo, y yo admiraba a muchos de ellos. Me sentí con la necesidad de contarlo, por eso creé el que sería mi primer proyecto: «Abuela, salgo en la Net», un medio que se dedicaba única y exclusivamente a hablar de lo que estaba pasando en la red y en especial de los creadores de contenido del momento. Ahora puede sonar como algo normal, pero en ese momento no había nadie que lo hiciese, así que en poco tiempo se hizo un bonito hueco dentro de la industria. Un bonito hueco en el que le echaba horas y horas y con el que ganaba un total de 0 euros.

Así que, para cuando ya se había terminado el curso, «Abuela, salgo en la Net» era mi esperanza. Lo vendía con orgullo como proyecto personal cada vez que me hacían una entrevista de trabajo. Y así entré como becaría con el hermoso sueldo de 100 euros al mes en mi primera agencia de publicidad a la que llamaremos Miss Zanahoria.

«Nos encanta tu proyecto y tú tienes mucho potencial, aprenderás mucho con nosotros».

Entré con todas mis ganas, porque, pese a que había sido de las mejores de mi promoción en el curso ese en que nos prometieron trabajo, no me daban ninguna oportunidad. La razón: rechazar a un *man* con poder. Pero esa es otra historia. Otra larga y aburrida historia de cómo el ser normativa hacía que solo me tomasen en serio los hombres si era para tocarles el pito.

Total, que entré en Miss Zanahoria, por fin estaba en el mundo de la publi.

Serían siete horas al día con un descanso de dos para comer, en resumen, todo mi día dedicado a la agencia. Pero, joder, iba a estar en publi, iba a hacer cosas chulas, proponer anuncios, campañas, crear, explotar creativamente. ¡Por fin!

—¿Sabes dibujar zanahorias?

—Algo puedo hacer.

—Perfecto, pues haz 197.398.164.961.896.491 zanahorias, con mucha creatividad.

«Y será verdad que este es mi trabajo ahora», pensé.

A los pocos días estaba hasta el coño de estar nueve horas al día encerrada en un cubículo haciendo el mono. Pero la vida me tenía preparado un regalo, porque nada ocurre por casualidad. Su nombre era Adriana y era mi jefa.

Adriana era una chica alta, delgada, morena y guapísima. Tenía la mente un poco en las nubes a veces y muy en su sitio cuando tenía que estarlo.

Adriana me hablaba de bisexualidad, lucha obrera, pero, sobre todo, de feminismo.

A mis veinticuatro años os juro que no había olido esa palabra ni por asomo. Cada vez que le contaba algo que me movía por dentro y llevaba años sin entender, me lo explicaba.

—Sara, lo que te ha pasado no es que estés loca, es machismo. ¡¿CÓMO?!

Comencé a leer sus artículos, sus tuits, a seguir a más mujeres feministas. No podía ser, no podía creérmelo, no estaba sola. Cientos de mujeres habían pasado por lo mismo, por el mismo dolor, por las mismas experiencias, por las mismas exigencias y rechazos. No estaba loca y, lo más importante, no estaba sola. **Una pequeña llama morada había comenzado a encenderse dentro de mí.**

—Mira, Sara, el machismo está tan normalizado que nosotras mismas, cuando somos machistas, no nos damos ni cuenta. Por ejemplo, a la hora de dar valor o admirar a alguien siempre nos es más fácil hacerlo si esa persona es un hombre.

Revisé las entrevistas que había hecho en mi propio proyecto. Tenía razón, yo mayoritariamente solo entrevistaba a hombres. ¿Es que acaso no había mujeres haciendo humor en internet? Esa pregunta hacia mí misma me trajo otro regalo. Me puse a investigar y encontré a Abi Power. Abi era una pequeña lesbiana pelirroja que tenía dos canales en YouTube: uno como Abi y otro como Adelita Power. En ellos hacía humor, contaba su vida, cantaba canciones. La llamé para hacerle una entrevista en la que jugase a interactuar con su *alter ego*. Y, joder, fue de los días más divertidos de mi vida, y de las mejores personas que hoy en día aún mantengo.

Pero, volviendo a la agencia, comencé a cansarme muy pronto, el rollito de «¡Aquí somos como una familia!» me tocaba bastante el pie. Porque debíamos ser como una familia disfuncional por lo visto, en la que las exigencias y las faltas de respeto iban de la mano.

Poco a poco me fui quemando, mi situación no era la mejor. No me quedaba dinero y vivía con 500 euros al mes que llevaba cuatro meses mandándome mi padre, al que entre llantos le decía: «Solo un mes más y te prometo que conseguiré trabajo. Papá, no me puedo volver con vosotros». Volver a casa de mis padres en mi cabeza no solo era un fracaso estrepitoso, sino también un suplicio laboral ya que se habían mudado a un pueblo a las afueras, lo cual me exigiría dos horas y media de transporte público cada día de ida y vuelta para cualquier cosa que cogiese en Madrid. Tenía que conseguirlo, tenía que entrar en publicidad.

—Este mes te ayudo y ninguno más, Sara.

El estrés por la falta de dinero, la ansiedad por no encontrar trabajo, mi ambición por que el proyecto de «Abuela» funcionase en algún momento, el maltrato por parte de mis jefes, los cuales fardaban a cada segundo de haberse comprado cualquier mierda, pero manteniendo mi salario de 100 euros, todo esto sumado a la carga emocional del pasado, hacía que no durmiese por las noches. **La depresión comenzó a asomar de manera estrepitosa.**

Adriana me dio la clave para hacerlo saltar todo por los aires.

—Sara, la publicidad es así. Se valora el que entres antes y salgas más tarde.

—También si quieres pongo el culo y me metéis un par de latigazos cada 15 minutos.

Adriana se rio, siempre nos partíamos el culo. Pero, entre broma y broma, la verdad asoma.

Comencé a llegar tarde, 15 minutos, luego 30, una hora... Me sudaban los ovarios. Siempre he considerado que, si yo hago bien mi trabajo, a quien sea que me tenga contratada le debería dar igual cuándo llego. Pero en Españita no va así la cosa, en Españita se valora más calentar la silla. Como una especie de BDSM raro en el que a las autoridades competentes de la empresa les pone cachondos cada segundo que les regales de tu vida.

Mi pasotismo les tocó ¡LOS COJONES! Y mi cabeza pensó:

«CONSEGUIDO».

—Sara, ¿te importa que al salir nos reunamos? —me dijo el señor Zanahoria.

—Sin problema —contesté yo.

—Pero antes hoy me vas a hacer un Excel con toda la gente famosa que conoces y has entrevistado en el blog y sus contactos.

«Claro que sí, guapi —pensé—. Ahora mismo».

Con el Excel delante solo me faltó escribirles: «Me vais a comer el coño». Pero fui una señora y les puse varios nombres con contactos falsos.

—Ya está, listo —dije con una sonrisa.

—Bien, reunámonos.

El señor Zanahoria y la señora Zanahoria me miraban fijamente en la sala de reuniones.

—Sara, creo que esta relación laboral debería finalizar.

—Yo también lo creo —les contesté.

Por lo visto no esperaban mi respuesta, sino que pataleasе y les rogase seguir trabajando con ellos. **Yo era muy consciente de mi valor**, de todos los trabajos que les había sacado adelante por un precio esclavista, les había regalado mi tiempo, mi talento y encima les había hecho ganar pasta. **No iba a consentir ni una falta de respeto más.**

El señor Zanahoria se prendió.

—¿Ah, sí?

—Sí —respondí, tranquila y sosegada.

—Pues ahora, ¿me podrías contestar una última pregunta?

—Claro.

—Dime qué hago para que no nos vuelva a salir una becaria como tú.

Ahí mi cabeza hizo: «Uuuh, esta es la mía».

—Os podría decir muchas cosas, pero me voy a limitar a una. —En ese momento mi cabeza empezó a hacer cálculos—. Veréis, para venir cada día aquí y regalaros prácticamente mi día entero necesito pagar 300 euros de alquiler para vivir en una zona cercana. 15 de internet de la casa,

33 de luz y agua, 20 del abono transporte, porque aún puedo optar al bonojoven, pero el año que viene no pasará, 25 de móvil y ponedle unos 150 de comida. En total, solo de gastos para vivir, sin contar que pueda tener vida social, comprarme algo de ropa. Solo el venir aquí cada día son 300 + 15 + 33 + 20 + 25 + 150 = 543 euros. Y vosotros me pagáis al mes 100, así que nada, para el siguiente becario que venga, aseguraros de contratar una persona de familia bien para que sus padres le subvencionen el trabajar gratis para vosotros como han hecho los míos.

Cogí la puerta y me fui.

Pasados los años volví a hablar con Adriana, ella aguantó un poco más. Pero, como bien os he comentado, el ambiente de trabajo era insoportable.

Adriana me llamó: «Tía, recuerdo muchas veces ese día, qué ovarios. Lo hiciste genial, ojalá yo los hubiese podido mandar a la mierda también antes».

LA MINITURRA ⑦
EL GRAN ENGAÑO DE LA MERITOCRACIA

Si has crecido más o menos en los noventa, estoy segura de que tú también has sido víctima del gran engaño de la meritocracia.

Según Google: *Sistema de gobierno en el que el poder lo ejercen las personas que están más capacitadas según sus méritos.*

Y según Google también: *¿Qué es ser una meritocracia? En este contexto, «mérito» significa básicamente 'inteligencia' y 'esfuerzo', Mientras que la palabra «meritocracia» es ahora muy usada para describir un tipo de sociedad donde la riqueza, los ingresos y la clase social son designados por competición, asumiéndose que los vencedores merecen tales ventajas.*

Así crecimos, llenos de historias en las que «los buenos», los que se enforzaban, los que eran listos, los que se sacaban una carrera, tendrían el gran premio, una vida totalmente normativa con una casa, un perro, una pareja, un trabajo y veranos en las Maldivas.

Como si al terminar la carrera te diesen una cajita de experiencias que pusiese: «Perfecto, ahora llega tu vida adulta idílica».

Pero la crisis económica que nos hemos comido hizo que los trabajos cada vez fuesen más escasos y

precarios, los alquileres más altos y las relaciones sentimentales más complicadas que nunca.

A los milenials nos ha tocado comernos la romantización del *coliving*, el *coworking*, el ser «nómadas digitales». Términos y más términos para suavizar una experiencia de vida llena de incertidumbres, pobreza económica, trabajos precarios y sobreesfuerzo para poder sobrevivir en esta jungla capitalista.

Pero en esta carrera no todos jugamos con las mismas cartas, y, si no vienes con una buena base económica de casa, en tu camino de poco te servirán tus méritos. Lo primero es la supervivencia y luego, si eso, si hay tiempo, llegará tu crecimiento personal.

EL COLCHÓN

Estoy de nuevo en la consulta de Inés.

—No puedo más, siento que no avanzo.

—Cuando sientas que no has avanzado, Sara, por favor, recuerda la historia del colchón.

Nos habíamos quedado en que me fui haciendo explotar la agencia a mis espaldas, metafóricamente, ¿NO?

Bien, pues al salir yo muy reina me comían las dudas: «¿Por qué has hecho esto? Nunca más te van a contratar en nada, Sara, eres una bocas. ¿Cómo le explico esto a mi padre?».

Pasaron los días y llegó el gran temor. «Sara, no te puedo pasar más dinero, peerooo hay una agencia de diseño gráfico que sé que está buscando gente, mándales el currículum».

Buf, por fin iba a trabajar de lo mío. Entré, de nuevo con todas las ganas, el trabajo era sencillo. Consistía en maquetar creatividades con Photoshop, pan comido. Tras la primera entrevista ya estaba dentro.

Pasaron los meses y, pese a que era algo sencillo, el hecho de que mi única función siete horas al día, mañana y tarde, fuese colocar precios e imágenes de manera compulsiva, hacía que mi mente no notase mucha diferencia entre eso y estar poniendo tapaderas de pasta dentífrica en una fábrica.

El ambiente de curro era genial, mis jefes y compañeros un amor. Aun así el trabajo me estaba comiendo por dentro. Solo tenía una motivación y era seguir con el proyecto de «Abuela, salgo en la Net». Pero la jornada completa hacía que apenas tuviera tiempo.

Me había mudado de casa, ahora vivía en una habitación de Lavapiés por la que pagaba 250 euros. Tenía una ventana que daba al baño, por lo que sabía perfectamente cuántas veces cagaban al día mis compañeras y cómo olía. La diferencia entre ese rincón y el cuarto de escobas era mínimo. Tenía un colchón en el suelo que levantaba contra la pared cuando quería más espacio. Pese a todo, unas lucecitas de Navidad que había como decoración hacían del cuarto de la mierda un rincón acogedor.

Pasaban los meses y mi vida consistía en despertar del rincón de la mierda acogedor, ir a trabajar y acudir a ver comedia. Por medio de una entrevista que le había hecho a Ignatius Farray para «Abuela, salgo en YouTube», había descubierto que los miércoles, en el bar Picnic, era gratis ver monólogos y estaba enganchadísima. Pero siempre de público, nunca sobre el escenario. En este tiempo la depresión cogió su tercera carrerilla, la monotonía del trabajo hacía que escuchase de manera compulsiva historias de famosos suicidas, buscase sus últimas cartas, me obsesionase con sus vidas. Y entonces lo entendí, no podía seguir un segundo más maquetando ni un solo *banner* de publicidad. **Los pensamientos suicidas estaban tomando las primeras posiciones.**

Lo dejé, estaba dispuesta a luchar por el proyecto en el que llevaba años trabajando. Quizá así las ideas de lanzarse desde una azotea se fuesen, esta vez sí que iba a salir bien.

Nada, las horas sentada en la oficina sumadas a las horas tumbada editando en mi cama, el haber perdido masa muscular por estar tirada sin moverme y comiendo de manera compulsiva, mientras callaba a la voz de la vergüenza que me llamaba gorda, me tenían preparada un regalo. Dos hernias en la espalda por las que fui hospitalizada. Tocaba rendirse, tocaba volver a casa con un fracaso estrepitoso a la espalda de manera física y literal. Hoy en día no lo veo tan grave, ni tan fracaso, simplemente lo intenté y no salió como esperaba, pero en ese momento se me hizo todo un mundo.

Total, la vida es remar, así que a los pocos meses de estar en mi casa y de mis padres y de recuperarme de la espalda, ya había conseguido un trabajo en otra agencia de publicidad. El pero es que estaba en la otra punta de Madrid, tres horas de ida y tres horas vuelta. El salario: 400 euros al mes media jornada. «Algo es algo», pensé.

Duré algunos meses y, pese a que lo que ganaba era poco, mis ansias de independencia me llevaron a mudarme a Madrid a una habitación de 300 euros. ¿Cómo iba a vivir? Ni yo lo sabía. Mis padres me lo dejaron bien claro: si te vas, es bajo tu responsabilidad económica.

Me daba igual, había algo en mí que me hacía sentir que en Madrid había algo esperándome. **No sé, como una intuición de que esta vez sí que iba a funcionar.**

Me mudé a una habitación con dos camas de pared horrorosas, de esas de armario empotrado gigante de vieja, en la que se dejaban mucho dinero las antiguas generaciones para traumatizar a sus hijos con diseños horrorosos de madera maciza, esos feos feos. En fin, que ese armatoste viejo y horripilante se me venía encima si me tumbaba en alguna de las camas que se sacaban de este. Así que tras varias noches durmiendo sobre dos colchones diminutos en el suelo, por lo que sea, se me encaprichó una cama.

Como estaba más pelada que el calvo de Navidad (el peor chiste que he hecho en mi vida, muy mal, Sara, un cero *boomer* y más cero), total, que estaba justica, miré un colchón *güeno* por Wallapop: valía 100 euros, no olvidemos esta cifra. Fui a por él, un amigo me ayudó a traerlo con su coche grande. Llegué a casa, lo tiré al suelo, me tumbé dispuesta a disfrutar del descanso eterno y... Me ahogo, no puedo respirar, me pica todo, me ahogo... Ventolín, una traqueotomía, lo que sea.

El colchón tenía pelos de gato y yo soy muy alérgica a los gatos, por lo que ese colchón era una trampa mortal. ¡Lo lavé mil veces! ¡Le pasé la aspiradora! Nada, ese viscoelástico había aparecido con un único propósito en la vida y era venir a *achechinarme*.

Agotada ya, tomé la decisión de devolverlo. Mi compañera de piso me contestó: «Tranquila, mañana lo llevamos en mi coche que doblado seguro que entra».

Spoiler, no entró en el coche. El día que intentamos devolverlo, mi compañera, al ver que no cabía y no podíamos llevarlo, se marchó porque tendría sus cosas y me quedé con un colchón ¡GIGANTE! en mitad de la calle sin saber qué hacer.

«¿Qué hago? —pensé—. Yo es que necesito ya los 100 euros para un colchón, no me puedo permitir perder 100 euros este mes porque es lo único que tengo para una cama decente, que tengo la espalda molida y me voy a poner mal otra vez. ¿Pero y ahora qué hago si no puedo subir esto yo sola a casa?».

Vi que me encontraba enfrente de un semáforo y pensé:

«ESTA ES LA MÍA, NO QUEDA OTRA».

Cuando el semáforo se ponía en rojo pedía a alguna persona de la calle que me sujetase el colchón y paraba furgoneta por furgoneta para pedirle que me ayudase a devolver el colchón, que estaba solo a dos calles cercanas.

Tras minutos de show y más show del colchón sujetado por señoras, conductores que me miraban como si fuese la niña de la curva y les estuviese contando que en este semáforo había muerto yo. Tras todo eso, logré convencer a una persona y…

¡RECUPERÉ MIS 100 EUROS DEVOLVIENDO EL COLCHÓN!

Cuando le conté esta historia a Inés mi psicóloga me respondió:

—¿Y liaste toda esa por 100 euros?

—Es que en ese momento no me quedaba otra, era eso o dormir prácticamente en el suelo, o quitármelo de la comida. Cuando necesitas algo de verdad te da igual hacer cualquier cosa, nada te da vergüenza —respondí.

—¿Entonces cómo no vas a evolucionar? Cuando pienses que no has avanzado recuerda el día del colchón —me dijo.

LA MINITURRA ⑧

EL CAPÍTULO DE LA MOSCA DE *BREAKING BAD*

No sé si estos últimos capítulos sobre el trabajo os han gustado. Yo, en mi proceso creativo, el hablar de esos años en el ámbito laboral lo he sentido un poco como el capítulo de la mosca de *Breaking Bad*, un pequeño espacio en el que cambia el tono con la intención de mostrar que tras esto comienzo a dejar de ser Sara García y empieza a nacer Penny Jay. Exactamente igual que le pasó a Walter White, que tras el capítulo de la mosca comenzó a ser Heisenberg.

En este capítulo el protagonista pierde los papeles porque una mosca entra en el laboratorio y dice que le podría echar a perder todo el producto creado. Enloquece, se desespera y pide ayuda a Jesse (su ayudante) y este, al verle fuera de sí, cede. Durante ese capítulo se puede sentir cómo la mosca es solo una excusa a la que se agarra Walter con la que pagar su tormento interno.

Bien, pues hoy en día creo que el colchón fue un poco mi mosca, y las razones que me encendieron vienen en el siguiente capitulo.

HITOS QUE MARCARON MI CABREO CON EL MUNDO Y EL DESCUBRIMIENTO DEL FEMINISMO

- Cuando me di cuenta de que el acoso callejero no era algo que me hubiese pasado solo a mí, sino que lo habíamos vivido todas. Cuando comencé a leer cosas de otras mujeres, recordé al señor que con veintiún años me esperaba todos los días en una esquina del camino de vuelta a mi casa para perseguirme. De los ciclistas enseñando la polla en el parque de las Cruces cuando pasábamos en grupo las chicas siendo menores. De las veces que he vuelto corriendo a casa porque un tío llevaba observándome todo el camino y se bajaba en la misma parada que yo, y de muchas muchas más. ¿Por qué coño tenemos que vivir así?

- Cuando hacía «Abuela, salgo en la Net» y todo el mundo daba por hecho que quien estaba detrás era un hombre. De hecho, si llevaba a algún compañero de los que me echaban una mano solo les hablaban a ellos.

Y ERA YO LA QUE LO HACÍA TODO.

- Cuando me negaron el acceso a oportunidades porque no quería nada con un señor mayor que se había encaprichado de mí.
- Cuando me di cuenta de que no había vivido amor, sino violencia.
- Cuando era normativa y la peña daba por hecho que cualquier logro o puesto lo había conseguido solo por mi físico.
- Cuando me reuní con un profesor de universidad y me dijo que aprendiese a pronunciar bien porque él me veía como una bomba sexual y eso me iba a dar muchas oportunidades. ¡Señor, compórtese!
- Cuando... Podría seguir con los «cuando». Pero me apetece más pasar a la siguiente parte de la historia. Te dejo que pongas los tuyos:

Perdona, un último:

- Cuando le conocí a él.

Penny JayG

9 de febrero de 2023

Estado físico, como Madonna:
cada día más vieja, molona y tetona

61 k en Instagram

RESPIRA, INSPIRA Y SUÉLTALO

Llega la parte del libro que me da miedo contar, llegan todos los recuerdos de los que llevo meses huyendo; intentando olvidar lo que pasó, preguntándome cada día cómo hubiese sido mi vida si no le hubiese conocido, si la llama feminista no se hubiese encendido en mí, si no hubiese creado la Riot. Entonces, este pánico no existiría. Si hubiese elegido otro camino ahora no me faltaría el aire y no estaría llamando de manera desesperada a las editoras pidiendo más tiempo cuando lo que en realidad quiero es rendirme. Pero me lo prometí, lo hice aquella tarde de septiembre de 2020 cuando el cuchillo con el que minutos antes me había querido rajar a navajazos en mi propia casa aún estaba sobre la mesa. Esperando que su siguiente función fuese cortar una cebolla para el sofrito y no mis venas.

FUERA EL DRAMA, ES MI HISTORIA Y TENGO DERECHO A CONTARLA.

Es hora de dejarlo atrás y para eso hay que afrontarlo. Lo ha dicho la Shakira. «La mujeres ya no lloran, las mujeres facturan». Es hora de sacar a la Motomami que llevo dentro, es hora de llorar, reír y sentir como la Rosalía.

Le doy al *play* en mi móvil. Suena «Saoko». Decir «suena» me parece que se queda corto. Resuena, vibra dentro de mí. Maldita Rosalía, la amo.

Porque yo me transformo. Y, aunque ya no soy la persona que fui, sí que me hizo ser quien soy ahora. Y estoy orgullosa de ello.

FUCK EL ESTILO.

Penny JayG
25 años
Peso: 72 kg
3.000 followers en Instagram

TÚ MI JOKER, YO TU *GROUPIE*. TÚ C. TANGANA EN ÍDOLO, YO ROSALÍA EN LOS ÁNGELES

La gente dice que como el amor adolescente no hay nada, porque es el primero. Lo sientes todo de repente con una intensidad que jamás volverás a vivir. Pero yo no creo que sea así, considero que simplemente vamos aprendiendo a entender esas emociones y a manejarlas.

Pero en ese momento me cegué como una niña de dieciséis años viendo a su ídolo de K-pop lanzar un beso desde lo lejos.

Os he o te he, ya no se si escribo en plural o en singular, pero eso da igual. Venga, os he contado lo que sucedió desde los diecinueve a los veintipico a nivel laboral, pero en esta vida no solamente ocurre una cosa a la vez. Y ahí, entre tanto remar para sobrevivir, apareció… (*Le he leído este capítulo a mi amiga Gabriela y me ha dicho: «Tía no pongas nombres falsos, mejor pon nombres divertidos como, por ejemplo, Taquito de Vieira», me he meado de la risa así que así se queda, retomemos).* Y ahí entre tanto remar para sobrevivir apareció… Taquito de Vieira.

Fue de los primeros shows de comedia que iba a ver, la sala estaba repleta y él brillaba sobre el escenario. No recuerdo el chiste, pero sí esta frase: *(Ahora le he leído el capítulo a mi amiga Marina y me ha soltado: «No te acuerdas porque seguro que el chiste era malísimo», Marina me hace reír porque parece una santa y luego es malísima, jajaja)*

—Tú, sí, tú, la rubia, la que se ríe tanto. Tú y yo algún día seremos novios.

«Pues mira, ojalá», pensé.

Ese día no le conocí, yo tenía pareja, e inmediatamente después del show me marché con Pedro, que era mi novio en ese momento. Era un tío genial, la verdad. Muy pijo, acudía los domingos a misa con su abuela, y yo que sabía los horarios le mandaba fotos subidas de tono entre salmo y salmo. Con el texto: «Esta es a la santa que tú rezas».

Era un tío guay, pero nunca le quise como merecía.

Un DM llegó a mi bandeja de Twitter, era Taquito de Vieira.

—Holi.

—Hola…

—¿Quedamos?

«¿Pero a este qué le pasa?», pensé. Se lo enseñé a Pedro.

—¡Te está escribiendo un famoso! —me dijo.

—Bueno, chico, no es para tanto, que no es Beyoncé.

Pasaron los meses y algún que otro mensaje, pero nunca llegué a quedar con Taquito de Vieira. Me resultaba muy violento verme con una persona que apenas era capaz de mantener una conversación de tres frases seguidas, sin que se le viera el plumero de que lo único que quería era que le zurrasen la sardina un rato.

Pasaron los meses, yo miraba a Pedro y me preguntaba por qué era incapaz de volverme loca por él. ¿Qué faltaba? ¿Qué fallaba si estábamos bien? **De nuevo mis ansias por vivir estaban llamando a la puerta.** Pedro me ofrecía una vida sencilla, tradicional, sin problemas. Me faltaba una chispa, un algo o yo qué sé qué sé yo.

Así que terminé con él. A los pocos días de cortar contacte con una de mis mejores amigas, a la que llamaremos Iris.

—Iris, vente a casa, que lo he dejado con Pedro y hoy quiere venir a recoger sus cosas. Si viene y estamos a solas, voy a volver con él y no se merece eso. Merece a alguien que le quiera, no le puedo seguir mintiendo más y mantenerle a mi lado solo porque no sé estar sola.

—Vale, genial, voy. Pero yo he quedado con Taquito de Vieira.

—¿El cómico?

—Sí.

Taquito de Vieira y yo habíamos coincidido hace unos días por razones de trabajo, le vi hablar durante horas y pensaba: «Dios mío, esta mente es increíble». Ese día también estaba Iris, y al terminar la grabación Dani solo se acercó a mí para decirme: «Me voy a casar con tu amiga Iris». «Suerte con ello», le contesté.

—Bueno, muy bien, pues os venís los dos y salimos de fiesta. No me dejes a solas con Pedro, por favor te lo pido.

—Pero si es miércoles.

—Bueno, chica, esto es Madrid, aquí hay fiesta todos los días.

Llegaron, Pedro se marchó y la noche se prendió. Como bien le comenté a Iris, Madrid es la ciudad en la que todos los días es fiesta y yo estaba hasta el coño de dramas, con la cabeza demasiado hecha un bombo, y solo quería beber y bailar hasta desmayarme. Me daba igual lo que fuese, yo bailo hasta los «pajaritos por aquí, pajaritos por allá» si hace falta.

Acabamos en el garito donde siempre terminas en Madrid cuando no sabes dónde entrar. El Héroes, que es un sitio en el que lleva sonando la misma *playlist* que alterna los Héroes del silencio (de ahí el nombre, supongo) con Karina, desde que se fundó.

Yo estaba bailando «Entre dos tierras» como si perrease la «Gasolina» de Daddy Yankee. Taquito de Vieira se me acercó.

—Me voy a casar contigo.

—Tú te vas a casar con mucha gente, me parece a mí ya.

A partir de ese momento todo se torció, mi amiga comenzó a chillar que le habían robado, por lo que robó después ella una chaqueta, que luego tuve que devolver. Continuó gritando, la tuvimos que llevar a casa, en mi casa nos abofeteó a los dos y sacó de su bolsa tres móviles que decía haber robado. ¡Eran nuestros móviles!

¿PERO QUÉ ERA ESTE SHOW?

Bueno, el show no me sorprendió mucho. Sandrix las había liado peores. Pero sí que estaba histérica, había enloquecido. Demasiadas copas, celos... Nunca lo sabré. Y terrible pollo que nos comimos. Mi compañero de piso al ver el percal me dijo: «Sara, vete porque está superviolenta y me quedo yo con ella. Vuelve en un rato».

¡PUM! De pronto me había quedado en la calle con Taquito de Vieira, sin ninguna posibilidad de volver a mi casa. «Cero ganas de aguantar a este capullo», pensé. Pero no había escapatoria.

—¿Qué hacemos?

—Continuemos la fiesta.

Caminábamos, hablábamos, me reía, se reía, y a cada risa, a cada conexión, lo empecé a sentir. **Era esto, era esta la chispa que me faltaba.** Mi nublamiento aumentaba a cada paso que dábamos. Admiraba lo que tenía, lo que hacía, cómo lo hacía, cómo había conseguido cosas simplemente porque le flipaba crear, hacer comedia, escribir, él estaba siendo toda una inspiración para mí.

Se hizo un silencio. Me miró con esa cara y ojos tan expresivos. «Los tiene bonitos, de un color bastante indefinido pero bonitos», pensé.

—Oye, es raro. Siento como si nos conociéramos de antes.

«Demasiadas frases cliché gasta este *man*», pensé. Pero esta vez yo también lo sentía, aunque no se lo quería decir.

—No lo sé, supongo que soy muy empática.

El resto de la historia no hace falta que lo cuente. Ponte la canción de Bad Bunny con Rosalía de «la noche de anoche fue algo que yo no pude olvidar». Y atemos cabos solites.

A la mañana siguiente no pude evitar sentirme culpable. Estaba comenzando a entrar en el mundo de los influencers, la publicidad, tenía «Abuela, salgo en la Net»... El primer pensamiento que se me vino a la cabeza fue: «No quiero que todo lo que consiga en esta industria la peña empiece a decir que es porque me follo a la gente». El segundo pensamiento que se me vino fue: «Este chico me estuvo mandando Dm, apuesto a que es un *follagroupies* y yo no quiero ser una *groupie*».

—Oye, escucha —le dije mientras me ataba las botas para salir pitando a darme el paseíllo de la vergüenza—. Uno, no soy una *groupie*, y dos, esto no va a volver a pasar.

—Bueno, vale —contestó Taquito de Vieira.

MENTIROOOOOSAAA,

MENTIROOOOOOSAAA.

Claro que volvió a pasar, y claro era una *groupie*. Estaba cegada por mi admiración hacia él. No podía sacármelo de la cabeza. Solo puedo describir lo que sentía con el meme conocido y polémico *streamer* el Xokas: «Le quería tanto que daba igual, porque 5 minutos con el significaban 10 horas con cualquier otro».

Seguía quedando con él, muchas veces a lo largo de muchos meses, bueno, seamos sinceras, muchos años. Y hablamos y hablamos y hablamos más… Hasta que un día lo soltó.

—A ver, Sara, que no tienes razón. Que en la industria no hay mujeres porque no son graciosas, por eso no hay cómicas.

Esa frase sería el inicio de nuestra guerra para siempre.

A VER, SARA, QUE NO TIENES RAZÓN. QUE EN LA INDUSTRIA NO HAY MUJERES PORQUE NO SON GRACIOSAS, POR ESO NO HAY CÓMICAS.

LA RIOT

Pasen y vean, asistan al parto del primer show de comedia feminista, femenina, llámalo como te salga del papo. El caso es que nos subimos al escenario a reivindicar la presencia de cómicas en España por primera vez. Viajemos al primer día de La Riot Comedy.

Estamos en el barrio de Argüelles, en Madrid, en un local de apenas 55 localidades con más de 120 personas apelotonadas en su interior. Unas cortinas de luces navideñas decoran la pared del escenario en la cual se puede leer «Superlativo Bar». Bajo el logo de las letras del local se proyecta un pequeño recuadro azul con una boca que parece gritar el nombre del show: Riot Comedy. «Riot», de «revolución», y en honor a las Riot Grrrl (movimiento feminista ligado a la escena alternativa, especialmente en el punk de inicios de los años noventa en Estados Unidos), y «Comedy»..., bueno, pues se explica solo.

¿Os acordáis de cuando en el primer capítulo os dije que me gustaba imaginarme mi vida como si fuera una serie de adolescentes? Pues volvamos ahí. Ahora soy la voz en off que os va a guiar por la sala.

¿Veis a esa chica pelirroja y bajita que está en la barra mirando con una sonrisa a todo el mundo? Os sonará, es Abi Power. Ya os conté que la vida me la regaló, pero no os he contado el mayor regalo que me hizo ella.

¿Y veis a la chica alta que está a su lado, que tiene el pelo casi por la cintura y unas mechas mal hechas que pueden pasar por californianas, pero que son el fruto de la pereza de no querer ir a la peluquería? Esa soy yo. Tengo la mirada perdida, pero cuando miro a Abi siento paz, ella siempre está, ella me apoya en todo. Quizá fruto de que yo siempre he creído en ella, o sencillamente es que es tan pura que es incapaz de juzgar a la gente como lo hace el resto, porque siempre encuentra el lado bueno de las personas y, si ve algo que le enturbia, añade un «bueno no pasa nada, todos tenemos nuestras cosas».

Vuelvo a mirarla. Está radiante y se me vienen a la mente los últimos meses con ella como un *flash back*:

Verano de 2017

Abi tiene una perra gigante llamada Luz y una casa en Vallecas con un patio pequeño, en el que pasé la mitad de esos días de calor.

La perra ocupa todo el sofá del salón. Se parece a Fujur, el dragón de *La historia interminable*, que para interminable lo que está siendo escribir este libro. Las dos estamos tiradas en el suelo.

—¿Vemos algún monólogo? —le propongo, y comenzamos a buscar juntas las opciones de YouTube—. ¿Te has fijado que no hay casi vídeos de mujeres cómicas? Ni siquiera en los programas de hombres.

—Coño, es verdad.

—Americanas he encontrado unas cuantas en Netflix, pero españolas...

Seguimos observando el *feed* con todos los vídeos de Buenafuente, algún vídeo suelto de hace mil años de Ana Morgade, otro de la Niña de Shrek, alguna colaboradora que duró pocos programas. Nada, solo veo tíos.

Yo estoy entrando un poco en cólera porque esta reflexión ya me llevaba volando un tiempo por la cabeza, pero nunca la había visto con tantas pruebas frente a mi cara. Me sentía como en *Equipo de investigación*.

Continuamos navegando entre las opciones, nada.

—Tía, ¿qué coño pasa en la industria? Cuando voy a los *opens*, todo son tíos y, como mucho, si hay suerte, se sube una mujer. Métete al canal de *Ilustres ignorantes*, que quiero ver una cosa.

Abi se mete al canal, y yo miro con una libretita en mi mente.

Ilustres ignorantes es un programa que me mola bastante y que consiste en tener a tres protagonistas fijos cómicos y dos invitados, que juntos hablan en torno a un tema en un tono de comedia. Nunca me había parado a observar exactamente cuál era el corte de los invitados del programa. Veamos: **dos invitados hombres, dos invitados hombres, dos hombres, dos hombres, dos hombres, dos hombres, dos hombres, dos hombres, dos hombres,**

dos hombres, dos hombres, dos hombres... Una mujer, por fin, pero con un hombre. ¿Qué pasa, que no pueden invitar a dos mujeres a la vez? ¿Les explota la mesa? ¿O cómo va la movida? Dos hombres, dos hombres, dos hombres. Joder, pero aquí invitan también a actores. Vale que «no hay cómicas», pero actrices hay por un tubo. Dos hombres, dos hombres, un hombre y una mujer. Pero... ¿por qué no me había dado cuenta de esto antes?

Noto cómo algo se rompe dentro de mí. Me quedo en silencio y miro la pantalla de mi móvil. Tengo una notificación de YouTube: nuevo vídeo de *La vida moderna*. Otra vez solo tres hombres a los que admiro, pero solo hombres. Estos no suelen llevar invitados, así que no puedo hacer el recuento pero sí observar su discurso. Y es ahí donde se me caerá la verdad sobre la cara. Pero ese es otro capítulo.

—No sé, Abi, tía, ¿es que acaso las mujeres no somos graciosas? Porque yo me río mucho contigo, con mis amigas, con las cómicas que he visto en los bares. ¿Por qué no estamos ahí? Tenemos que estar ahí. ¡ESTOY HASTA EL COÑO DE SOLO VER POLLAS CHUPANDO POLLAS! ¡TENEMOS QUE EMPEZAR A COMERNOS LOS COÑOS ENTRE NOSOTRAS EN EL SENTIDO LITERAL, Y EN EL FIGURADO TAMBIÉN, A PODER SER!

Abi se ríe.

—No era una indirecta, eh, no te estoy tirando los trastos, eh.

—Ya, ya lo sé

Enero de 2018

Nos encontramos en mitad de una calle de Malasaña. Hemos quedado para tomar algo y yo llego tarde, como siempre. Están todos esperándome en círculo.

Abi hace algún comentario entre risas sobre el tiempo que una vez más les he robado, pero le urge otra cosa:

—Oye, he estado hablando con una productora con la que me llevo muy bien. Son tope de majos y les hablé de que quiero hacer un programa tipo *Ilustres*, pero solo con mujeres. Están buscando sala para que lo hagamos con público.

Me siento muy orgullosa de ella y del proyecto, sueño con estar ahí, aunque soy consciente de que no soy nadie en la industria y que querrá que forme parte gente más conocida: **«Joder, qué idea más guapa, me alegro mil, quiero verlo ya».**

—Se va a llamar *Señoras fetén*, como la canción de Las Bistec. Había pensado llamarlo *No tengo el chichi para farolillos*, porque es una expresión muy de mi tierra, pero como muchos colectivos trans están revindicando ahora que cada vez que hablamos de algo solo de mujeres se hace mención a coño, al chocho, a todo eso, que les hace sentir discriminadas y que se considera transfobo, pues me he dicho «cero líos, yo lo cambio porque también quiero que vengan mujeres trans al programa, la idea es que estemos todas». ¿Quieres venir a la grabación del primer programa?

—Claro, ahí estaré animando.

—No, que si quieres venir de colaboradora, en mesa —me dice convencida, y se queda esperando mi respuesta.

¡¿Qué?! ¡¿QUÉ?! ¿Yo? ¿En mesa? Que no soy nadie, que no he hecho nada nunca en directo, solo he hecho vídeos para Vine, para YouTube. Pero sobre un escenario, con público. ¡¿QUÉ?! ¡¿QUÉ?!

¡QUÉÉÉÉÉÉÉÉÉÉÉÉ!

Pero ningún «¡QUÉÉÉÉÉÉÉÉÉÉÉÉ!» sale de mi boca. Soy bastante señora a veces, y si algo me choca demasiado puedo sacar la máscara de la tranquilidad sin dudarlo, aunque esté gritando por dentro.

—Eeeh, vale.

Febrero de 2018

Sigo sin entender por qué Abi ha contado conmigo, pero la ilusión que me hace la oportunidad de participar en un programa es exactamente igual de grande que mi síndrome de la impostora, por lo que están ambos jugando una pelea a muerte en mi interior que me paraliza y a la vez manda sobre cada uno de mis pasos. Enciendo mis cascos y suenan las Spice Girls en bucle, regalando una banda sonora bastante extradiegética a la pelea a muerte interior que se estaban disputando esas zorras.

«Wannabe» es mi primera nana, y la de casi todas las mujeres de los años noventa en España. Me gusta llamar nana a esas canciones que da igual las veces que la escuches, porque siempre te va a hacer vibrar llevándote a un lugar seguro. Las Spice Girls fueron nuestro primer canto *mainstream* a la amistad y la unión entre mujeres. Fue uno de los pocos puntos en común de nuestra infancia en los que, por fin, podíamos soñar con ser algo que no fuese la novia de o la mujer de, la princesa que iba a ser salvada, y queríamos ser esas mujeres fuertes y exitosas. Además, como en los horóscopos, tenías para elegir según tu personalidad, así que podías ser Geri Halliwell, Melanie C, Victoria Beckham, Melanie B o Emma Bunton.

Y es que «Wannabe» es esa canción que, cuando suena en la discoteca, putas, bolleras, bisexuales, turboheteras y maricones podemos sentir como nuestro primer himno.

Así que, si siguiéramos en el *mood* de contar esta historia como una serie, a esta escena de mi vida le añadiría un momento hortera. Me permitís:

Suenan los cascos como bien hemos mencionado y se ve la disputa de mis dos emociones internas que comienza a desaparecer y se nos ve a todas las que hemos formado parte de esta revolución cantando, cada una en su casa, en su trabajo, por la calle. Salimos todas y cada una de nosotras, desde las caras más visibles de la comedia hasta las menos conocidas, desde actrices que alzaron la voz hasta las que solo le dieron RT a unos caracteres empoderantes en Twitter. Salen las feministas que se reúnen en asambleas, las que se manifiestan en las calles y las que se mantienen en silencio. Salimos todas cantando, desde pequeñas hasta mayores, desde las que amas hasta las que odias, y también sales tú que estás leyendo este libro. Porque esta es mi historia, pero esta revolución la hicimos entre todas.

Llego a la sala Wurlitzer, paso delante de la fila del público sin saludar porque doy por hecho que no me conocen, pero, bueno, cuando llevábamos ya varios programas seguía haciendo lo mismo. Lo de ser «conocida» es algo que hoy en día sigo sin asumir. Cuando bajo del escenario dejo de ser Penny Jay y soy Sara. Pero por lo visto Penny Jay tiene la misma cara que Sara y, claro, por lo que sea me reconocen y os juro que mi cabeza sigue sin asumir el hecho de que soy conocidilla, y por eso bajo a comprar por mi barrio en pleno centro, en pijama con lamparones. Porque simplemente, no sé, no le pillo el gusto a eso de seguir siendo una diva cuando se apagan los focos.

Entro a la sala por esa puerta negra con césped artificial pegado en la que solemos acabar noche sí y noche también cuando no has encontrado sitio al que salir por Madrid o pasas de pagar entrada. Nunca entendí a qué genio del diseño que le ocurrió tal hazaña del césped en la puerta, pero le doy un 10.

Al fondo de la sala, un mantel azul con un tapete blanco cubre la mesa por completo al más puro estilo casa de abuela. Un reloj antiguo y una tele de tubo con el logo del programa remarcan la idea de cuatro mujeres que se van a subir a rajar como si estuviesen alrededor de la mesa camilla de su pueblo.

¡Qué guapo! ¡Qué logo más guapo! Pero más guapa estaba aún la cabecera que abría con una imagen de Rocío Jurado, Sara Montiel y Lola Flores. En honor a esas folclóricas que tanto dieron que hablar rompiendo todas tantas barreras de su época.

Me dirijo a los camerinos, estoy temblando por dentro. Se acercan de producción.

—Penny, ¿quieres algo de beber?

¿Penny? Hace mi cabeza:

«¿QUIÉN ES ESA?». AH, COÑO, SOY YO.

—Sí, un vino.

No dije ni por favor. Necesitaba el vino y lo necesitaba ya. El Lexatin no me había hecho nada. Pero, pese a que no está bien mezclar, una pizquita un día no le hace daño a nadie, como dijo la Lola Flores un día hablando de las *drojas* en *Ratones coloraos*.

¡VENGA, CHICAS, AL ESCENARIO!

Abi se me acerca.

—Tú tranquila, Sara, esto va de hablar. Di lo que te dé la gana. No tengas miedo, si tú eres supergraciosa.

«¿Lo soy?», me pregunto en mi cabeza.

Subimos al escenario, los focos, el público, mi ansiedad, todo junto. Aunque esto se pasa cuando haces un comentario y escuchas la primera risa del público. ¿Qué brujería es esta? Ahora quiero otra. Y otra, y otra, y otra.

Se encienden las cámaras, Abi mira a la principal y empieza:

—¡Bienvenidos a *Señoras fetén*! UUUHHH, EEEHHH. Y tú dirás: «¿Esto de *Señoras fetén* de qué va?». Pues, mira, esto es un programa en el que cuatro tías muy sinvergüenzas vamos

¡VENGA, CHICAS, AL ESCENARIO!

a hablar de todo tipo de temas: de videojuegos, de cine, de redes sociales, de sexo, de más cine, de más sexo, que es lo que más nos importa. Es lo que más le gusta al ser humano...

Así comenzó el primer programa que va a reivindicar la presencia de cómicas en España por medio de un único y sencillo movimiento: que solo seamos mujeres hablando entre nosotras de absolutamente todo y haciendo chistecitos. Al igual que llevan años haciendo ellos, pero ahora somos nosotras.

Miraba y escuchaba a mis compañeras. Me encontraba en *shock* al estar ahí con ellas.

Así que igual no fue solo una copa de vino, igual fueron tres y un gin-tonic, los que hicieron que para el segundo programa o el primero, no lo recuerdo bien, yo tirase un par de veces cosas de la mesa. Muchos creen que fue fruto de mi borrachera, pero yo sabía que no iba tan piripi, que lo que único que ocurre es que soy tela de torpe. Pese a eso se encendieron algunas alarmas.

Mi compañera cómica de ese día a la que llamaremos..., llamémosla «Mente Tibia», viendo mis nervios, me agarra la mano en mitad del show. Pude sentir la calma y, por primera vez, el cariño mostrado en un gesto físico de una compañera. «Gracias —susurré en mi mente—. Gracias de verdad».

El show ha terminado. Abi se queda haciéndose unas fotos y yo me dirijo a los camerinos a recoger mis cosas.

—Penny, Penny, ha estado genial. Para los siguientes que se graban en dos semanas vuelves, ¿vale? Pero no puedes beber nada.

«¿Que he estado qué?», se pregunta mi cabeza. ¿Que quieren que vuelva? No entiendo nada. De nuevo me vuelvo una señora.

—Claro, allí nos veremos. Qué ilusión.

No podía creerlo, iba a seguir en el programa.

¿Sabes esas sensaciones de que tu vida ha cambiado para siempre y no entiendes por qué, pero que se te gira el estómago y te dice: «Hoy comienza todo»? Pues eso mismo sentí.

Como bien dice mi amigo Rafa, Abi es la primera mujer que me tendió la mano y me dio una oportunidad; ella fue la primera que me enseñó que otra realidad en un ámbito tan esperpéntico como el laboral era posible. Ella me regaló por primera vez eso a lo que llaman sororidad.

Fin de estos flashbacks*, volvamos al día de la Riot*

Abi se apoya en la barra mirando hacia el público:

—Ha venido mucha gente, ¿eh? ¡Qué locura!

—Ya, yo también estoy flipando —le contesto.

—¿Cómo llevas tu texto? Bien, ¿no? O sea, el otro día cuando nos reunimos todas en tu casa para ensayar ya te lo sabías bien.

—Sí, con eso estoy tranquila, me da angustia delante de tanta gente yo sola, pero bien.

—Por cierto, están reuniéndose para ver si compran el programa.

—Ojalá compren *Señoras fetén*, sería un pasazo muy loco para nosotras, y sobre todo para la productora, que está ganando cero con esto.

—Ojalá, se lo merecen tanto… ¡Qué coño, nos lo merecemos! ¡Y que tiene que haber ya programas de mujeres cómicas en la tele! ¡Hombre, ya! —me contesta Abi.

Un chupito de tequila con mi nombre aparece en la barra. «¡Para ti!», me dice Marta. Marta es una de mis compañeras favoritas de la agencia de publi, bueno, un poco mi favorita. Es una tía superprofesional que cuando da la hora de salida se transforma ella sola en una fiesta. Marta llega con resaca al trabajo y se mete en la bañera de la oficina llorando de broma por una siestita. Yo lo grabo todo por *stories* para morirme de la risa una y otra vez cuando llego a casa. La adoro, creo que es una de mis máximas motivaciones para ir a currar. ¡Las risas que nos vamos a echar en los descansos!

—Ha venido mucha gente, casi no puedo entrar —me comenta.

—Ya, yo también estoy flipando.

Solo sé contestar eso a cada persona que me lo dice.

La miro y de nuevo un *flashback*:

Septiembre de 2017

¿Os acordáis del capítulo anterior del colchón, de cuando me mudé ganando una miseria y gastando todo en el alquiler, mientras trabajaba en una agencia a tomar por culo de la mano de Dios y la lie parda porque tenía el dinero justo para un colchón? ¿Recordáis esta frase?

«Me daba igual, había algo en mí que me hacía sentir que en Madrid había algo esperándome. No sé, como una intuición de que esta vez sí que iba a funcionar».

Pues tenía razón y todo funcionó como más deseaba en ese momento. El no conseguir un trabajo con un salario mínimo me estaba matando, pero no me iba a rendir. Sabía que en Madrid estaba eso que llamaban «los contactos» o hacer *networking*. Vamos, básicamente conocer gente a la que caerle bien y así ver si hay un hueco en sus agencias para que entres a trabajar. Había intentado todo por correo electrónico, pero esta era la única opción que me faltaba. Así que estaba dispuesta a vivir en la miseria a cambio de poder encontrar de una vez **¡UN MALDITO TRABAJO CON UN SALARIO MÍNIMO!**

Virna es una gran amiga de hace años. Tiene 20 años más que yo, pero parece de mi edad, es terriblemente atractiva, argentina y bruja. Me fascina la capacidad que tiene para aparecer en los momentos más claves de mi vida. Suena el teléfono.

—¡Sara! Bo, che, ¿qué estás haciendo? ¿Has venido alguna vez a un círculo de mujeres?

Tienes que venir, eso está rebueno. Lo organizo yo, hago un chocolatito, que el cacao puro abre el alma, ¿eso lo sabías? Nada, nada, está rebién. Nos reunimos todas alrededor de los cuatro elementos de la naturaleza y nos contamos qué queremos cambiar de nuestras vidas y qué deseamos. Luego hacemos un ritual en el que nos prometemos ayudarnos las unas a las otras por medio de nuestra energía y, ¡pum!, se termina, y todo va genial.

—Suena bien.

A los dos días, ahí estaba yo en su casa rodeada de mujeres de todas las edades, cada una con problemas diferentes, pero que sentíamos como propios.

—Deseo que me salga un trabajo en una agencia de publicidad y representación de *influencers* —dije.

—Hum, muy concreto —asintió Virna, que guiaba la ceremonia como una diosa.

A los días, otra amiga mía, Emejota, me comentó algo parecido:

—Sara, ¿quieres venir a casa? Vamos a hacer una meditación y luego peticiones para este año que empieza en septiembre.

A ver, no hago ningún mal a nadie con estas ceremonias y meditaciones, se dice que todos los ateos creen en Dios segundos antes de morir. Así que confiemos en esto.

Recuerdo la meditación, recuerdo que Emejota y yo vivimos meditaciones similares, como si hubiésemos podido estar en el mismo espacio mental, en las mismas *backrooms* que dirían los conspiranoicos.

«Da miedo —pensé—. ¿Me estoy volviendo loca? Mientras no haga daño a nadie con esto todo bien». La voz de Virna resuena en mi mente: «¡Eres una brujita! Pero aún no lo ves».

Quemamos los papeles y dejamos volar las cenizas que contenían el mismo deseo que había pedido días antes.

A la semana, una amiga me escribió, estaban buscado una creativa publicitaria y diseñadora gráfica para su agencia.

A los 15 días ya estaba dentro.

No quería creer en la magia. Pero no puedo negar que lo que pasó en esos días hizo que me entrasen muchas dudas sobre las religiones, las brujas, la espiritualidad, la meditación y un largo etcétera. A veces las casualidades son demasiado cantosas como para no fliparlo fuerte.

—¡Bienvenida a la agencia! —grita mi jefe con acento ruso—. ¿Te han dado ya tu ordenador?

¿Que me van a dar un ordenador? ¿Un Mac? ¿Qué no tengo que traer mi portátil de 100 kilos? ¡PERO ESTO ES UN LUJO!

Observo mi ordenador nuevo, es superligero y es mío, bueno, de ellos, pero durante un tiempo será mío. Y tengo un trabajo, por fin, en una agencia de publicidad relacionada con *influencers*. ¡¡¡JODERRR, LO QUE QUERÍA, POR FIIIIIIN!!!

Voy vestida con unos pantalones de hombre y una camiseta negra un poco roída. He cogido mucho peso en esos meses y no logro encontrar nada que me entre en las tiendas. Aparte de que tengo dos duros en la cuenta, por lo que tendría que robarlo y siempre me da mucha ansiedad robar. Robar ropa es una afición que aprendes en la adolescencia con las amigas, en mi caso en concreto con Sandix en Príncipe Pío.

Pero es que, encima, ¿qué voy a robar si no me entra nada? Coger peso había acabado con mi estilo en esa época y pasé de lucir como una niña mona, moderna, a «me visto con lo que puedo, dejadme en paz, que me duele la espalda».

Pero a mi jefe mis pintas le dan igual, aunque le debo recordar a Tom Sawyer y, a veces, si algo desaparece en la oficina me mira de reojillo. Como que… «¡ESTO HA SIDO LA POBRE!».

Pese a mis pintas, me gané su confianza al poco tiempo porque no sé en qué momento tuve la gran idea de que, a los dos días de estar en una agencia, debía tener una charleta metiéndome donde no me llaman:

—Señor Ruso, ¿podemos hablar? Lo primero, decirte que estoy muy contenta de estar aquí y me hace mucha ilusión formar parte de tu equipo. Lo segundo, te he estado escuchando hablar, porque aquí se escucha todo, y he podido enterarme de ideas de campañas que quieres sacar adelante. Verás, entiendo tu idea, pero es demasiado misógina, se os va a echar internet encima y no hay necesidad. No queremos una crisis de reputación, por eso yo te quiero invitar a que, antes de hacer nada de ese estilo, o si tienes alguna duda de si el proyecto puede herir a alguna gente, mejor me preguntes a mí o a mis compañeras que para eso estamos aquí. Todas somos feministas y te podemos ayudar a darle otra visión y evitarnos problemas.

Os juro que nada más soltar eso pensé que me despedía, ni dos días en la agencia había durado.

—Está bien, entiendo. Entonces, ¿tú cómo lo ves?

Bufff, respiré fuerte. La conversación se volvió amena. Me escuchó y desde ese momento siempre solía preguntarme. ¡Por los pelos que no me vuelvo a ir de una agencia por bocas! O por Géminis… Bien, así mejor,

ECHÉMOSLE LA CULPA AL HORÓSCOPO.

Volvemos a esa barra del local

—Se te ha echado de menos hoy en la oficina —me dice Marta.

—Ya, es que me lo he cogido libre para organizar todo esto. Bastante guay como me están apoyando. Me dejan salir algunos días antes para grabar *Señoras fetén*. Puedo pillar, eso sí, mis días de vacaciones sueltos para hacer la Riot. Estoy contenta. Pero algún día espero dejarlo, aún no sé cómo.

—Es porque le caes bien al ruso, aún no entendemos el motivo, porque sois como el agua y el aceite, pero le caes bien.

Un mes antes de crear la Riot

Camino hacia el trabajo, el Mac que me había dado la empresa nada más entrar, y que tanta ilusión me hacía, comenzaba a pesarme más de la cuenta en mi espalda, como si acumulase todas mis emociones y se transformase en el antiguo, trayendo consigo emociones negativas del pasado demasiado familiares: «No sé si quiero seguir en esto». La monotonía, el exceso de trabajo, el estrés y el salario tan bajo que tenía hacían que lo que había sido una ilusión ahora se volviese algo de lo que quería escapar. La ilusión de continuar con «Abuela, salgo en la Net» la perdí hace meses. Más exactamente, a los pocos días de entrar en la agencia, cuando me llegó una oferta de trabajo. Era para trabajar en un medio de comunicación como el que yo había creado, pero de redactora por 600 euros al mes y siendo autónoma. Algo se me giró en el estómago. Reviso el mensaje, el cual usaba frases muy similares al *briefing* que le había entregado... a esa misma empresa hacía unos meses.

No sé si fue la casualidad o que realmente cogieron la propuesta, le cambiaron el nombre y tiraron hacia delante. Pero en ese momento me sentí superfrustrada. Tantos años, tantas horas soñando con poder sacar el proyecto adelante, tantas reuniones, y ahora estaba frente a mí con otro nombre y bajo los mandos de otra gente que no era yo.

Me comían la frustración, la rabia, la impotencia y la sensación de sentirme idiota por no saber jugar a la movida esta del mercado laboral y los adultos.

Me rendí. «Por lo menos hora tengo este trabajo nuevo», pensé. Pero según pasaban los meses lloré la perdida de «Abuela salgo en la Net» como si se tratase de una persona. O, dicho de otra manera: la culpa es de la Luna de mi carta astral, que la tengo en Escorpio y soy una intensa.

Pero, volviendo a esos días, de camino al trabajo semanas antes de la Riot, un pensamiento en forma de vocecilla constante abrumaba mi mente. «Tienes que crear un *open mic* solo de mujeres, como era el de *Cómicas* de Vera Montessori que tanto te gustaba. Pero más feminazi, como eres tú ahora. Tienes que subirte al escenario, pero no lo vas a hacer en un *open* porque te comen, necesitas un sitio seguro, necesitas hacerlo con tus compañeras».

Sí, hombre, ya bastante tengo con el curro como para meterme en más embolados. Que no, que no.

Pero la vocecilla no paraba, es de esas veces que sientes

que si no haces algo, te estarás arrepintiendo toda la vida. Está bien, lo haré.

Llegué a la oficina y le mandé un DM al dueño de una sala en la que veía que se estaba haciendo comedia.

Señor
¿Lleva usted el Aleatorio?

Nop
No tengo nada que ver

¡Ña!
Vale, me he liado, el Superlativo

Sí, es mío

Madre mía, cómo suena, cuánto poderío
Estoy buscando una sala para hacer una movida
Pero no quiero cobrar entrada

Cuéntame un poco más

Quiero hacer un micro abierto una vez
al mes centrado en comedia femenina

¿Y crees que de gente iría bien?
Solo comedia y sin música

Creo que sí
Si no, no lo haría xD
Horario había pensado tarde noche,
entre semana o los domingos

Aforo, hasta completar aforo sentados
Entradas igual, hasta completar aforo
Y luego la promo iría toda por redes, etc

Sentados podemos meter unos 55

Perfecto

¿De qué mes estamos hablando?

Abril, finales, o mayo
Para organizarlo bien
y dar mucho la coña
Por redes
Dar bombo, hacer el show

Ok, ¿cómo se llama el show?

Riot Comedy

¡Qué gracia volver a releer esa conversación! Recuerdo cuando me decían que no pusiese los shows los días que había fútbol porque afectaba a la venta de entradas, hasta que me di cuenta de que a la inmensa mayoría de mi público se la pica el fútbol, y más el masculino, además de afectarme menos mil para que viniese la gente.

Las únicas personas a las que les interesa el fútbol en la Riot son mis lesbianas premium y mi mejor amigo: el Adri, que padece esa cosa que llaman ser un hombre cis heterosexual, pero de este señor ya hablaremos más adelante. Solo decir que me da siempre los mejores momentos de la vida, entre ellos ver a escondidas el fútbol en la cola de la Riot porque, según él, estaba feo, pero era un partido muy chulo de su tierra.

Aunque claro, ellos me daban consejos de una industria que llevaba años masculinizada, sin embargo, esto ya no tenía nada que ver con lo que se había vivido en la comedia hasta ahora. Esto no iba solo de «comedia».

Así que una vez que estaban cerrados el día y el sitio, solo faltaba una cosa: encontrar a mis compañeras. Para eso simplemente puse este post en Instagram:

RIOT COMEDY: OPEN MIC DE COMEDIA FEMENINA

EL «ERES MUY GRACIOSA PARA SER MUJER» VIENE DE QUE MUCHOS HOMBRES SE PIENSAN QUE EL HUMOR ES SOLO COSA SUYA PESE A QUE LA MITAD DE LAS VECES NO HAGAN NI PUTA GRACIA.

Pennyjayg Hola, ¿qué tal? Bien, yo un poco nerviosa. Os anuncio con tiempo que el jueves 17 de mayo haremos un open mic de comedia femenina en @superlativobar.

Si eres mujer y alguna vez te ha picado el gusanillo de la comedia pero no te has atrevido, este es tu espacio. Ponte en contacto conmigo por medio de Instagram en @riotcomedyfem.

Si ya eres toda una guerrera de los escenarios y quieres vivir este día con nosotras también, escríbeme. <3
Os espero, dadle amor y os iré contando más cosas.

Se apuntaron diez mujeres en total, ocho de las cuales jamás se habían subido a un escenario. Eso me hizo darme cuenta de una cosa muy importante: que el miedo que yo tenía a subirme a un open «mixto», por la casualidad de que siempre son todo hombres, no era un sentimiento que solo tuviese yo. Muchas más mujeres necesitaban un espacio seguro para expresarse y con este llamamiento había quedado claro que la Riot se lo iba a dar.

Marta mira hacia el escenario:

—Al final te quedó chulo el logo.

—Lo he hecho en el curro. Cuando me tienen hasta el toto me pongo a hacer otras cosas porque si no me meto un tiro.

—¿Estás nerviosa?

Agarro el chupito.

—¿Tú que crees? Me va a dar un ataque como a la del meme «A MÍ NO ME GRABES, QUE ME VA A DAR UN ATAQUE».

—Venga, hijita, pues *palante*. ¡CUADRO! ¡QUE ERES UN CUADRO!

Pero continuemos observando la sala.

¿Veis a esas chicas con folios en la mano temblando en una esquina? Esas son las cómicas que se van a subir conmigo hoy. Es la primera vez para todas, solo han ensayado sus textos una vez y fue hace un par de días en el patio de casa de Abi. Lo guardo como un recuerdo bonito.

Abi sacó unas sillas al patio, todas nos pusimos como si fuésemos a ver el show y cada una salía e interpretaba su texto. El resto, más que corregir, dábamos ánimos y algunos consejos que se nos ocurrían sobre lo que nos gustaría ver.

Me dice la cómica número 2, a la que llamaremos «La Fachorra Justiciera»:

—Sara, ¿sabes cuánta gente va a venir?

—Ni idea.

—¿Crees que vendrá gente?

—Ni idea.

Tiro hacia el baño, que es el único lugar en el que se puede estar tranquila durante unos minutos en la sala, sola y con un espacio vital libre de más de 5 centímetros sin chocar con otra persona.

Un mensaje en el teléfono. Es alguien que no estoy muy segura de que quiero que me escriba. Su nombre será «Bocadillo de polvorones» porque le tengo bastante atragantado desde entonces.

¡Ey! Tienes hoy lo de las cómicas eso que vas a hacer, ¿no?

Sí.

Bueno, tú tranquila, ellas son buenas y tú has aprendido de nosotros.

Te ha quedado bastante señoro
ese mensaje, ¿no crees?

No recuerdo más de los mensajes, solo que me ardió todo por dentro. El mensaje en sí fue una cagada y ser un bocachancla lo somos todos todo el rato. El problema era el bagaje con esa persona, lo que me hacía leer el mensaje con más matices y que me hacía saltar las alarmas de que una vez más me estaba volviendo a faltar al respeto, haciéndome de menos y no creyendo en mí.

Pero no me va a joder este momento, nada me lo va a joder. Me miro al espejo, sonrío como el Joker. Pongo Pont Aeri en mi móvil y lo acerco a mi oreja. Pam pam pam pam pam pam. Me transporto a las tardes en la discoteca Kapital con Aitana. Siento la paz, nada importa, solo sentir la música.

Salgo al escenario, necesito gritar y grito:

¡BIENVENIDOS A RIOT COMEDY!

Continúo con un texto que explica entre chistes las razones del porqué de este evento. Comparo cartelería de los *opens* en los que solo salen hombres, hablo de cómo a las mujeres en la industria nos tienen como en un apartado, como si fuésemos, como bien decía una cómica feminista a la que admiro en su texto, «las Paralimpiadas de la Comedia». Sube una cómica, sube otra cómica, otra y otra... **Todas hemos estado brillantes, desde luego al público le está gustando.**

¡BIENVENIDOS A RIOT COMEDY!

Llega mi texto final, que era un bloque completo sobre el juicio de la manada. El 8M de 2018, con las calles llenas de mujeres gritando

«¡BASTA YA DE JUSTICIA PATRIARCAL!»

retumbaba en mi patata y en la de casi todas las mujeres asistentes en la sala. Tenía chistes buenísimos que hoy en día recuerdo con cariño, chistes que ironizaban la rabia que todas sentíamos y la transformaba en risas. Pero, hacia la mitad del texto, dejé los chistes y solo lancé el mensaje que deseaba. Un mensaje de lucha, unión y fuerza.

He buscado por mil sitios para ver si encuentro el monólogo, pero no lo he conseguido. Una pena. El caso es que en pleno acto William Wallace observó al público. Muchas de las asistentes estaban llorando. «¡NOOOOOO! —pensé—. ¡NOOO, ESTO IBA DE COMEDIA, LA HE LIADO!». Termino mi discurso muy segura de cada una de mis palabras, retumban los aplausos. Suben conmigo las chicas, más aplausos. Comienza a sonar el himno del PP con tecno, no entiendo muy bien por qué. Una chica del público se sube al escenario y se saca las tetas. Todo el mundo está en un extraño éxtasis grupal feminista.

¡Y ASÍ NACIÓ LA RIOT COMEDY!

LA MINITURRA ⑨

LAS ENTREVISTITAS

Tras ese día comenzó un *crescendo* de locura, todo el mundo en la industria hablaba de Riot Comedy, empezaron a llover los artículos y entrevistas en las que las preguntas rondaban siempre por los mismos temas (léase con tono burlón porque tener que repetir respuestas a preguntas tan evidentes durante tanto tiempo me revuelve las entrañas).

¿POR QUÉ SOLO MUJERES?

Porque es necesario reivindicar nuestro espacio, además de crear espacios seguros.

¿Y CÓMO ES VUESTRO PÚBLICO?

¿Acaso a Berto Romero le preguntas cómo es su público? ¿Te pones en la puerta con un contador de personas y haces una estadística de si hay equidad y variedad de razas, sexo o personas disca en su público? ¿Entonces por qué siempre me lo preguntáis a mí? Pues mi público son principalmente mujeres, y algún homosexual. Putas, bolleras, bisexualas y maricones, y adivina quién es la más puta.

Pero como soy ascendente Virgo tengo muy claro que nadie me va a entrevistar mejor que yo misma, así que voy a ello:

P. ¿Por qué lo hiciste?
R. Amaba la comedia y amo la comedia, la quiero con todas mis fuerzas como herramienta de comunicación, no como industria. Como industria es el mayor nido de ratas peleándose por un churro con música de Linkin Park que hayas podido ver en tu vida.

Pero como forma de expresión es una puta pasada. Todo el mundo quiere ser gracioso, hasta los cantautores entre lagrimeos intentan siempre meter algún chiste, ese familiar que siempre cuenta las mismas anécdotas en las cenas, tu amiga que tiene un mote para cada uno de tus ex, tu abuela sacando una teta en Navidad, todos buscamos siempre lo mismo: la risa, porque la risa sana el alma y hacer reír aún más. Y, si encima logras sacar carcajadas transformando tu dolor en chistes, eso... Eso ya es otra droga. **Porque cuando cuentas algo que te atormenta y te perturba, querida Géminis, y sueltas la primera carcajada, todo se calma, se destensa y por unos segundos la vida es más ligera, sencilla y el pesar de este sindiós que es el puro acto de vivir se hace más gozoso.**

P. ¿Y esto qué tiene que ver con subirse a hacer comedia poniendo por delante los valores feministas?

R. Creo que uno de los daños más grandes que puedes sentir como persona es darte cuenta de que todo lo que has vivido y en lo que has creído es una mentira. El feminismo es un puñetazo en la cara para todo el mundo. Un golpe de realidad que no esperábamos. Es el momento en el que Jim Carrey en *El show de Truman* se da cuenta de que toda su vida ha sido un teatro, medido y estudiado.

Con el feminismo la verdad sale a la luz y se reescribe toda la historia de la humanidad. Así caen tus ídolos, tus creencias, la perspectiva sobre ti misma. Entiendes que todo lo que has experimentado en este tiempo en el que tus pulmones se han dedicado a mandar oxígeno a tu cerebro ¡NO ES REAL! O por lo menos se trata solo de una parte de la realidad.

Y entonces, claro, cuando encuentras una verdad tan grande, te urge contarla al mundo.

P. ¿Y cómo es esa realidad?

R. Pues depende de quién seas, desde luego, porque mi realidad nunca será la de la reina Isabel porque yo no he nacido reptiliana y porque estoy viva también. Bueno, igual ella ahora se ha transformado en otra cosa, igual ahora es el hije que espera Rihanna, ese fetito que subió a su vientre a 15 metros de altura en una plataforma tambaleante mientras cantaba en esta Super Bowl de 2023. No sé cómo funcionan los reptilianos, pero esta idea me mola bastante.

Pero así, hablando en rasgos generales, la realidad está rota y fea, la verdad. La sociedad es una cárcel llena de limitaciones, opresiones, expectativas y obligaciones para todos. Lo único es que unos sufren más que otros.

Voy a hacer un pequeño inciso para contar una historia.

Cuando me daban esos ataques de ansiedad tan locos, el único momento en el que sentía que controlaba mi respiración era cuando comía. Recuerdo que estaba comiendo en la casa de mi familia en Aluche y miré la sopa que me había puesto mi madre.

Entonces pensé en la cantidad de seres vivos que habían tenido que morir para que yo tuviese ese plato delante de mí y siguiese con vida y, a la vez, pensé también en la cantidad de seres vivos que habían muerto para que estos animales y plantas estuviesen con vida en su momento. Y entendí que la vida es un círculo de muertes. Y me dio otro ataque.

Pero luego pensé también: es el círculo de la muerte para dar paso a la vida. Y de eso van todas las movidas, de vivir.

Queremos experimentar estar vivos, por eso son los colectivos más oprimidos los primeros en levantarse en las revoluciones sociales. Porque son a los que más se les está arrebatando «la experiencia de vivir». Son los que, cuando van a hacer algo o quieren alcanzar algo, de pronto se dan de bruces con unas barreras que otras personas no tienen. Barreras invisibles pero presentes (el famoso *techo de cristal*). Y es entonces, al darte cuenta de esa desigualdad, cuando comienzan a aparecer los primeros porqués, en mi caso con la experiencia de ser mujer.

¿Por qué no me escuchan si hablo yo, pero, si dice lo mismo un hombre, entonces sí es interesante? ¿Por qué cuando accedo a un puesto de trabajo mi salario es más bajo que el del compañero que estaba antes que yo? ¿Por qué para tener una pareja tengo que comportarme y vestirme de x manera? ¿Por qué mi pareja, si soy mujer, tiene que ser hombre? ¿Por qué tengo que odiar a otras mujeres por cosas que a los hombres se les perdona o ni se les tienen en cuenta? ¿Por qué hacía daño a mi cuerpo para verme como los otros querían? ¿Por qué? Por qué y muchos más e infinitos porqués a cada uno más profundo.

Por eso considero que, mientras no logremos una convivencia igualitaria, la realidad continuará hecha una mierda. La respuesta en realidad siempre estuvo en *El rey león* cuando dice: «Y bajo el sol protector, con su luz y calor, aprender todos a convivir en un ciclo sin fin que lo envuelve todo».

Resumiendo, la realidad está bastante regu, y cada uno con sus luchas personales, las cuales se acaban volviendo muchas de ellas sociales, solo intenta mejorar su experiencia vital y la de los que lo rodean.

P. ¿Y qué son las feministas en esta lucha?

R. Para mí son luchadoras, guerreras, mujeres con principios y con valor para poner la cara, el cuerpo y algunas incluso sus vidas en pos de ese cambio.

P. Para otros igual solo son unas ambiciosas.

R. Y sí lo son, lo somos. **Nuestra ambición es vivir. Pero no como hasta el momento.** Tenemos ambición para que las cosas cambien y poder vivir sin aquello que tanto daño, miedo y frustraciones nos causó. Tenemos ambición por poder disfrutar de «la experiencia de estar vivas» y, si no lo logramos nosotras, por lo menos que no pasen por esto las siguientes generaciones.

P. ¿Y por qué hacerlo con más mujeres?

R. Porque sola eres una loca con una pancarta, pero cuando se juntan las voces se vuelve un movimiento social y el cambio es posible.

P. ¿Entonces qué es realmente Riot Comedy?

R. Dicho rápido y mal, es un show o un *open*, o un espacio seguro para que las mujeres alcen la voz, como lo quieras ver. Pero el trasfondo es mucho más potente, porque se trata de una estrategia social. Me voy a explicar con una metáfora, ¿vale?

Vamos a la imagen de la infancia de los años noventa de los chicos juntos jugando al fútbol en el patio y las chicas viendo el partido desde fuera.

Pues el partido es la vida, por así decirlo, con su reglamento, su historia de partidos anteriores, los vínculos de amistad entre los que llevan varios días jugando y además un chute de endorfinas (el dinero) por hacer deporte que no está obteniendo el resto de la gente que los está mirando desde fuera. Además, en el partido se disputan cosas, como que el equipo ganador elija, por ejemplo, el lugar del viaje de fin de curso (privilegios).

Vale, ahora ¿qué pasa si quiere entrar un nuevo jugador?

Si es hombre y estamos en el patio del colegio, probablemente no le pondrán mucho problema para hacerlo. Pero ¿y si es una niña la que quiere entrar? Igual la descartan de una o, si tiene suerte, o se lleva bien con alguno de los chicos, puede que entre. Y al entrar, ¿qué ocurre? Pues que esta niña se adapta a las reglas establecidas y va a intentar mimetizarse lo máximo posible con el entorno, para sentirse aceptada y que no la echen.

Ahora pongamos que quiere entrar una chica, pero quiere hacerlo cambiando algunas normas del juego porque no está de acuerdo. Probablemente eso causaría un conflicto y no la dejarían entrar porque no quieren problemas y para ellos todo está bien como está.

Entonces esta chica empieza a reclamar su derecho a estar ahí, pero la norma es que **o juega con sus reglas o no entra**.

Con el tiempo resulta que ya no es solo una chica reclamando entrar, sino que ahora son varias las que quieren pasar e implantar juntas esas «nuevas normas» en las que están de acuerdo (el feminismo).

Entonces todas esas mujeres rodean el campo y la presión social en el patio se hace latente. Ya no les queda otra que dejarlas pasar y entrar al partido. Y ahí empieza lo bueno. Porque no a todas les van a pasar la pelota (oportunidades laborales) o las van a dejar capitanear el equipo. Dependerá de si les caen mejor o peor (de si les causan más o menos problemas), de si manejan el balón como siempre o usan formas nuevas que ellos no consideran fútbol de verdad (miedo al cambio). Todo esto sumado a que al entrar ellas creen que pierden tiempo de foco y no quieren compartir porque no lo han hecho hasta ahora (nos comen el pastel).

Ante esta situación, ¿cómo reaccionan las mujeres? Las habrá que una vez dentro recelen de las que «molestan» para ganarse el compadreo de los hombres. Otras se mimetizan con las antiguas normas diciendo que «ellas siempre fueron así». Otras continuarán revindicando las «nuevas normas» pese a que incomode. Y, aunque explicado así suene a situación de mierda, os puedo prometer que vivido lo es aún más. Por lo menos comenzará el cambio, quizá las nuevas normas no lleguen tan rápido como se espera, pero por lo menos estamos dentro del partido. Cosa que antes no pasaba.

La Riot es esa presión social, pero también es el partido una vez que estamos dentro. La Riot Comedy es el grito de guerra que abrió las puertas a cientos de mujeres en una industria hermética y masculinizada.

Por eso, en cada show termino gritando:

¡ESTO NO ES SOLO UN SHOW!
¡FUE, ES Y SERÁ PARA SIEMPRE UNA PUTA REVOLUCIÓN!

P. ¿Algo más?

R. Yo creo que así está bien.

P. ¿Tú crees que lo entenderán?

R. Que entienda quien quiera entender.

El bullying comienza por una o varias personas que convencen a los demás de que esa violencia es lícita y merecida. El resto empiezan a repetir como papagayos y se convencen de esa idea motivados en primer lugar por formar parte de un grupo (nada une más que el odio común) y, en segundo lugar, por el miedo a ser ellos los que sean atacados.

URRACAS: LOS PRIMEROS VUELOS

Buuuf, no sabéis el peso que me quito de encima al escribir cada capítulo. Gracias a este último me he dado cuenta de una cosa: la Riot Comedy es el gesto más bonito que he hecho en mi vida. Además de un éxito a nivel social, ha servido de inspiración de muchos otros proyectos, empoderamiento para las mujeres que se han subido al escenario y para las que han acudido a vernos. Fue el puñetazo sobre la mesa que necesitábamos. Y, joder, todo lo hice yo, cada detalle, cada entrevista, cada texto propio sobre el escenario, la difusión, la producción... En la Riot he puesto el cuerpo, la cara, todos mis talentos y mis últimos cuatro años de vida. **La Riot es un trozo tan de mi propio ser que ahora entiendo por qué las críticas, traiciones y ataques los sentía tan personales.**

Pero, como todo lo que brilla, siempre habrá quien quiera apagarlo o, peor, apropiárselo.

La primera sesión del 17 de mayo de 2018 había sido todo un éxito. Pero también lo fue la del 6 de junio y todas las siguientes que vendrían.

En el verano de ese mismo año estaba hablando con una compañera a la que admiraba con locura. En cuanto la conocí, vi el talento en ella. Sabía que algún día sería gigante, tenía todas las papeletas para ello. La llamaremos «Mojito de Macarrones». Mojito de Macarrones me miró muy seriamente y dijo:

—Tienes que pedir entrada por la Riot Comedy. Tienes que pedir entrada y llevarlo a un sitio más grande. Esto es un puto bombazo, debes pasar al siguiente nivel.

Y tenía razón, debía hacerlo. Pero me aterraba. Me parecía que rompía con los principios en los que me había estado moviendo hasta entonces.

—Vamos a ver, Sara, tú no puedes estar pegándote una currada así por cero euros. **Tienes que dar valor a tu trabajo. Ellos capitalizan todo lo que hacen y no pasa nada.**

—Ya, pero es distinto, porque quiero que venga el máximo número de gente posible. La idea es facilitar que nos vea cuanta más gente mejor.

—La gente va a venir igual pagando entrada, Sara.

—¿Tú crees?

—Sí, y es la única forma de que no muera y hacerlo crecer.

—Bueno, pues lo intento.

Me paralizaban muchas cosas a la hora de dar ese paso. Llevábamos solo dos sesiones y las criticas hirientes hacia mi trabajo en forma de correveidiles no paraban de llegar. Pero el primer texto que sembró la discordia fue un simple post de Facebook en el que gran parte del gremio, que somos cuatro gatos, no paró de compartir y alabar. Decía lo siguiente:

«Hay menos cómicas porque la comedia es machista. Dicen que las mujeres no somos graciosas. Entonces, hagamos espectáculos solo de chicas, convirtámonos en un subgénero (como si esto no fuera autodiscriminatorio). Paralimpiadas de la Comedia. Y para cubrir la cuota convocamos a cómics de cualquier nivel, incluyendo a las que, de ser tíos, con más competencia, habrían sucumbido a otras mejores. Conclusión: la media vuelve a salir por debajo del 5 y las mujeres siguen sin ser graciosas».

Cuando lo vi, como buena choni, me ardió todo por dentro y solo quería buscar a ese *man* para que me dijese las cosas a la cara. Pero miré el precio de los taxis un día que sabía dónde actuaba y pensé: «No me renta pagar 5 pavos, una hora de mi vida y un ataque de ira por este señor». Así que me dediqué a leerlo en los siguientes shows, con el siguiente comentario:

«Esperad, analizando bien el post creo que he descifrado el mensaje secreto: "Solo quiero casito"».

Tenía tantas cosas mal el haber escrito esto.

1.° Cuando hace referencia a «las Paralimpiadas de la Comedia» le robó un chiste a una compañera que reivindicaba lo contrario para darle un significado totalmente hiriente.

2.° Comenzó a sembrar la idea de que «no éramos buenas» y nos puso a competir entre nosotras.

3.° Hubo compañeras que lo compartieron. Y nada duele más siendo feminista que ver como otras mujeres aprovechan la lucha para conseguir la mayor droga por la que muchas la cagamos: «la aprobación masculina».

¿Pero puede un post hacer daño? Puede, porque no era solo un loco con un post. **Era, fueron, y algunos quedan hablando e intentando desprestigiar un espectáculo que ni siquiera se habían dignado a ver, dentro de una industria que se comporta como un patio de colegio.**

Hoy en día lo miro y en cada una de sus palabras solamente veo miedo al cambio e inseguridad, además de altas dosis de delirios de grandeza que rozan la locura. Y me da pena. Pero en su momento... En su momento solo sentí rabia en mi interior.

Por otro lado, había vivido mi primer circo en la industria y me había dejado bastante picueta.

Una conocida «divulgadora» contactó conmigo, la llamaremos «Leche de Keta».

—Hola, he visto tu show y tengo una superidea, vamos a quedar.

Vale… Me reúno con ella en un bar de Malasaña, la mesa donde nos sentamos es redonda y grande. Ella se coloca en el medio, y hay cuatro personas más también presentes.

—Sara, he tenido una idea. Tú sabes que yo llevo una movida que tiene muchos seguidores y tú aún no tienes tantos. ¿Qué te parece si nos unimos?

—Bueno, ¿qué propones?

—Verás, hacemos la Riot en un sitio chulísimo al que tengo acceso y vendemos entradas.

—Bueno…

—Y de presentadores ponemos a mi novio, que es famoso, y al novio de «La Fachorra Justiciera».

—¡¿QUÉ?! ¡¿QUÉ?! ¡¿QUÉ?!

—Eso, a ver. Es que el feminismo sin los hombres no se puede hacer y urge que empiecen a tomar la voz. Además, ellos son famosos.

—Mira, creo que no has entendido nada.

—Sí, sí lo he entendido. Pero es que ellos lo harían genial.

—¿Es esto una broma? La movida va de reivindicar nuestro espacio por medio de nuestra unión, no darle nuestro espacio a ellos. Para eso ya está el resto de la industria.

TOOODAAA LA PUTA INDUSTRIA.

Leche de Keta comenzó a hablar, a hablar sin parar. Yo empecé a disociar hasta que solo la escuchaba de fondo porque cada cosa que decía me parecía aún más grave. Buscaba en las miradas de la gente a alguien que no asintiese cada una de sus palabras. ¡ESTÁN TODOS LOCOS! Pero pensé: **«¿Y si la loca soy yo?».**

—Bueno, ¿qué? ¿Qué opinas?

—Que no.

Leche de Keta hace un gesto hacia una de sus compañeras de al lado y le susurra al oído:

—Bueno, pues si no nos lo da la montamos nosotras y si eso que se suba Paquita, que es también muy graciosa.

«¡HERMANA, QUE TE ESTOY ESCUCHANDO!», pensé, pero no dije nada. El surrealismo de la situación me estaba superando por segundos. El miedo a perder otro proyecto comenzó a invadirme por dentro.

—Bueno, deja que le dé una vuelta y esta noche te digo.

Salí del bar, esta *woman* tenía una dialéctica capaz de convencerte de que mates a su madre en cuestión de segundos, como Gypsy Rose convenció a Nicholas Godejohn. Por unos minutos no voy a negar que llegó a convencerme. Pero al volver a casa pillé el móvil.

Mira, lo siento mucho. Te agradezco
la oportunidad, pero no lo voy a hacer.
Prefiero seguir llevándola yo a mi manera.

Ok, lo entiendo.
Pues ya veré yo qué hago.

«Suerte con ello», pensé, y a otra cosa que la vida es corta.

Nada de eso me paró, todo lo contrario: de cada puñalaíta saco mi rabia, como dice la Rosalía en «Bulerías». Y, aunque no tenga dinero, yo voy a seguir haciendo lo que me nace. Así lo hice y así espero seguir.

Llegué a mi casa y me puse a buscar salas como loca, gente que me pudiese dar contactos, etc. Y aquí llegó el tercer circo, que es el texto de inicio de la actual Riot Comedy.

Comencé a buscar salas y a mandar correos en los que decía: «Hola, mi nombre es Sara y tengo un show de comedia que está llenando la sala en la que nos encontramos. Me gustaría encontrar una más grande como la vuestra para llevarlo».

Me contestaban al momento: «Sí, claro, ¿me puedes mandar más información?».

Por supuesto, yo lo de las mujeres me lo tenía callao callao callao.

Entonces les contestaba y les decía: «Muy bien, aquí tienes un artículo en *El Confidencial*, una entrevista en *Los 40 Principales*». Pam pam... Enviar.

Pum pum... Esperar.

Nada, silencio.

No contestaban.

Volvía a mandar otro correo. «Hola, ¿habéis recibido mi email?».

Enviar, esperar. Nada.

«Disculpa, os mandé un email hace varios días».

Refresh, F5.

Mandaba otro correo: «Holi».

Nada, que no me contestaban. Comencé a preguntar a compañeros de profesión que por qué no me respondían. Y me dijeron: **«Sara, no te van a contestar porque sois mujeres».**

Y yo: «¡AHHHHHH! ¿Quién ha sido la zorra que se ha chivado?».

Es que es loco, me imagino a ese hombre recibiendo mi correo y haciendo (activar voz de soñoro):

¿CÓMO? ¿MUJERES?

¿EN MI SALA? ¿EN MI ESCENARIO?

NO, NO, NO.

¡QUE LO LLENAN TODO DE REGLA!

¡TODO DE REGLA!

«SARA, NO TE VAN A CONTESTAR PORQUE SOIS MUJERES».

Después lo friegan porque son mujeres, pero antes…

Y se va a hacer sus cosas de señoro, no sé, como sentarse delante del televisor y decir: «Los chinos, nos comen los chinos», bajarse al parque, encenderse un piti y gritar a las menores: «¡GUAAAPA!».

¿A cuántas de aquí siendo menores en alguna ocasión os han acosado por la calle? Levantad la mano. Tranquilas, no es como declarar que has ido a un concierto de Taburete, no os voy a juzgar.

En ese momento casi toda la sala levanta la mano.

Chicas, de verdad, lo siento mucho. Siento mucho que todas os hayáis tenido que cruzar con…

URRACAS: EL PRESUNTO

«El presunto abusador, el presunto acosador y el presunto cómico».

El presunto es un *man* que llevaba trabajando en la industria desde hacía casi eones. Y para cuando comenzó la revolución feminista presuntamente se le destapó el pastel. Muchas mujeres en internet comenzaron a sacar capturas en las que, presuntamente, se portaba con un cerdo. Algunas, presuntamente, contaban historias horribles de acoso y abuso de poder. Otras, presuntamente, eran aún más turbias y violentas. Las historias no paraban de llegar de fuera y de dentro de la red.

No lo conozco personalmente, ni tengo intención de hacerlo. Sé muy poco de él. Entre la poca información que me ha llegado está la de que hay gente que o lo ama o lo odia a partes iguales, no hay punto medio. Debe de ser géminis como yo. He buscado. Sí, es géminis.

Pero, independientemente de lo que sea él como persona, es su figura pública y la reacción de la sociedad lo que nos hizo rabiar a tantas de nosotras.

Por fin se destapaba una realidad que muchas llevábamos tiempo sabiendo y en la que más de una había caído. Las situaciones de abuso de poder, señores que usaban su verificado para impresionar a niñas y usarlas como ganado para saciar la idea de que, cuantas más mujeres tienes a tus pies, más valor social tendrás como persona. Reduciendo el concepto de mujer a un mero objeto sexual y despojándonos de cualquier humanidad. Junto a esto se destapaba también el «casting de sofá a lo Hollywood», pero en versión cutre, que muchas en diferentes espacios laborales, no solo en la comedia, habíamos presenciado. El «si no quieres nada conmigo, tú verás, porque me encargaré de que no tengas trabajo, y yo soy el que te lo puede dar».

Muchas queríamos justicia.

Hay una estrategia social que ocurre con las feministas de la cual hablé en el último de vídeo de Lola, que ya no está en YouTube, pero creo que sí sigue en Twitter: cuando una mujer alza la voz y es molesta, por mucha razón que tenga, comenzarán los ataques hacia ella, alguno en forma de «opinión», los cuales dan pie a «chistes» y con ello la pintarán de loca, violenta y descarriada. Básicamente consiste en cortarle la cabeza de manera metafórica, porque ya no pueden quemarnos por brujas como hicieron en los siglos pasados. Y esta violencia se hace como aviso hacia las demás, como señal de que si ellas hablan les ocurrirá lo mismo. Así es como rompen nuestra unión valiéndose del miedo. Y conmigo comenzaron a hacer lo mismo. Con frases como «la Riot es necesaria, pero Penny está loca; no tiene talento, no es cómica, es solo presentadora», «juntarse con Penny cierra puertas porque habla mucho de cosas de las que no debería hablar, pero la Riot es una buena plataforma para empezar, aunque luego tienes que juntarte con nosotros».

Estas eran algunas de las muchas frases que se escuchaban sin cesar en *opens*, entre copas y, lo que es peor, en programas. En programas en los que, ¡oh, casualidad!, estaba el presunto.

Os preguntaréis que, si se armó tal cancelación en Twitter, ¿qué pasó con este señor? Pues lo echaron del programa en el que llevaba años participando. Hasta aquí bien. Parecía que por primera vez socialmente veíamos algo similar a lo que le hubiesen hecho a cualquier mujer.

Pero la mayor fuerza del patriarcado es la hermandad entre los hombres, y los hombres gobiernan todos los espacios. Así que a los pocos días le dieron dos programas propios, cada uno en una cadena distinta. No le iba a pasar nada, la justicia le había salido a ganar.

Pese a esto, me hace gracia hoy en día que, en muchos espacios de debate, hombres que no están relacionados con el caso hablan de este momento de la historia como «mirad qué grave es la cultura de la cancelación, mirad a este pobre hombre lo que le pasó».

A lo que mi cabeza contesta que «nada, no le pasó nada. Los que más hablan de la cultura de la cancelación son los que menos entienden cómo funciona una cancelación real, porque no la han visto ni de reojillo».

Como bien dicen mis diosas del feminismo actual Reinas y Repollos, las cancelaciones de verdad son aquellas que no se ven:

«La cultura de la cancelación» es un neologismo al que se han agarrado con uñas y dientes todos aquellos que no quieren ceder ni espacios ni privilegios. De esta manera venden su hartazgo hacia movimientos o ideas disidentes y marginales para seguir ocupando los mismos, o más, espacios.

La cancelación no existe para el hombre blanco heteronormativo porque todo en este sistema es medido a través de su figura.

La «cultura de la cancelación» y «la dictadura de lo políticamente correcto» son ideas que pretenden extrapolar discursos y relatos que de ninguna manera pueden ser puestos en el mismo plano.

Pongamos ejemplos: «Ni machismo ni feminismo», «*Black lives matter* vs. *White lives matter*», etc.

Es una manera de acallar esas voces que han tomado impulso mediante movimientos sociales para que vuelvan al lugar al que pertenecen.

Es una estrategia reaccionaria y tramposa alimentada por algoritmos y señoros que hacen artículos ofendidos porque su director favorito resulta ser un pedófilo.

«La cancelación» supone más casito para ellos, mientras que para nosotras es seguir poniendo el cuerpo.

La lupa está sobre los cuerpos feminizados, solo debe caer un pequeño rayo de luz para quemarlo todo. ¿Quién tiene el poder para poder enfocar esa luz?

La enfocarán, y lo harán con total impunidad, agarrándose a la «libertad de expresión», a la «cultura *woke*» y a la supuesta «cultura de la cancelación».

Y tal como lo han contado Reinas y Repollos, es como comencé a vivir la cancelación en la comedia. Sumado a otros tantos acontecimientos que darían como resultado una situación constante de *bullying* laboral.

El *bullying* comienza por una o varias personas que convence a los demás de que esa violencia es lícita y merecida. El resto comienza a repetir como papagayos y a convencerse de esa idea motivados, en primer lugar, por formar parte de un grupo (nada une más que el odio común) y, en segundo lugar, por el miedo a ser ellos los que sean atacados. Y lo peor: que una vez demasiadas personas han entrado en esa dinámica, ya no sabes diferenciar entre los que lo hacen, los que lo apoyan y los que con su silencio acaban formando parte y perpetuando eso que tanto daño te hace, que sientes que vuelve a todo el mundo en tu contra.

Como ya os he comentado, al presunto le dieron dos programas, y en uno de ellos se proclamaban como críticos de la comedia y desde sus micros daban su opinión sobre el trabajo de los demás. Esto no hubiese importado si la industria hubiese sido algo inmenso lleno de oportunidades y no un patio de colegio en el que fácilmente nos puedes juntar a todos los que vivimos de hacer comedia, o lo intentamos, en no más de 50 metros cuadrados.

Así que desde su altillo, y quizá como reacción a que yo

públicamente me había posicionado a favor de aquellas que hablaron en su contra, comenzaron a soltar pequeñas perlas que parecían inofensivas, como «la Riot es como un gueto», «es algo que está bien para empezar, pero luego tienes que irte a otros sitios o jamás conseguirás nivel». Con estas simples palabras motivaba a las cómicas a la desunión, tachaban el movimiento de sectario y las ponían en aviso de que, si se posicionaban a favor de aquello que estábamos reclamando, muy probablemente se quedarían fuera de la industria. **Y caló..., claro que caló.**

No solo eso, ellos mismos, desde el programa y con las posibilidades económicas que te permite tener un salario fijo, empezaron a crear una plataforma para «dar difusión a la comedia». Una plataforma en la que mayoritariamente salían hombres. Y comenzó a crearse la dicotomía en esa reivindicación que estábamos haciendo. Muchas querían participar porque suponía un espacio muy grande de visibilización. Otras, entre ellas yo, consideramos que participar en esto implicaba lavarles la cara, regalarles el foco que nos estábamos ganando y callar las voces de aquellas que se atrevieron a hablar en su contra.

Y, para rematar los conceptos, esos mismos que, bajo el foco y con miles de personas como espectadoras, acusaron a mi proyecto de gueto, crearon anillos diferenciadores con el logo de su plataforma. Como si de una hermandad se tratase. El mensaje era claro: **nosotros tenemos el poder y todo lo que vaya en nuestra contra no pertenecerá a esta industria**.

Todo esto no me lo saco de la manga. Las habladurías llegaban y presuntamente pilló a más de una cómica de las que reivindicaban y le dijo: «Vas a grabar con nosotros, mira que si no grabas con nosotros no te van a llamar de ningún sitio nunca».

Es asqueroso el placer que les produce jugar a los mafiosos.

Ahí comenzaron los primeros roces.

Como bien digo, lo mío era solo una opinión, pero muchos la tomaron como un mandato. Como si yo fuese una canciller que les decía qué hacer o no con sus vidas. Yo solo hablaba de lo que veía y me olía. Yo solo opinaba buscando que nuestra unión fuese firme porque sentía que era el único camino para conseguir romper del todo ese techo de cristal.

Si nos disolvíamos, volveríamos a estar solas ante las opresiones de las que nos estábamos quejando.

Retomando el capítulo de la entrevista: entraríamos al partido y algunas de las que gritaban en su contra se adaptarían a las reglas diciendo que ellas siempre fueron así y que no tenían nada que ver con la revolución. Otras renegarían de aquellas que seguían gritando para ganarse su aprobación. Y algunas continuaríamos con la lucha.

Yo seguía aferrada a la lucha, creía en lo que hacía y decía, pero era consciente de toda la guerra silenciosa que se estaba creando alrededor de mi nombre y que iba matándome poco a poco.

PennyJayG

24 de julio de 2018

2 Riots Comedy y varios programas de Señoras fetén

OKSANA SHACHKO

He venido unos días a ver a mis progenitores, estoy sentada en la cocina mientras mi padre corta jamón y le robo trozos del plato cuando no me ve. Una noticia en el *feed* de Twitter llama mi atención: **«Cofundadora de Femen se suicida».**

«Oksana Shachko, cofundadora y exmiembro del grupo feminista Femen, se ha suicidado este lunes 13 de julio en París. Su cuerpo ha sido encontrado en su apartamento junto a una nota de suicido con el mensaje: "Sois todos unos falsos"».

Continúo buscando más información. Encuentro una noticia en *El País* titulada «Oksana Shachko, la cofundadora de Femen que se desnudó ante Putin, se suicida en París».

¡JODER, QUÉ ASCO DE TITULAR!

Es que hasta para contar algo tan serio como el suicidio de una activista tienen que poner el punto sexual.

Me retuerzo y me cabreo por segundos. No había escuchado antes su nombre, pero sí el de Femen, las admiraba. Algo se rompió dentro de mí y solo supe decir: **«Te entiendo».**

19 de septiembre de 2018

URRACAS: SE ALBOROTÓ EL GALLINERO

A nivel narrativo temporal, con lo que respecta a la Riot, nos habíamos quedado en la búsqueda de salas. Hubo una primera sala que sí me contestó: la Moby Dick Club. Ninguna cómica jamás se ha quedado sin hacer el chiste de qué curioso es hacer un show feminista en un sitio llamado Moby Dick. Lo comento por si, querida lectora, lo estabas pensando. A mí me parece un chiste bastante flojo, pero disfrútalo si te ha entretenido.

La chica que se encargaba de la producción de ese sitio se llamaba María y era una tía majísima que llevaba un grupo de rock y una plataforma de apoyo a las mujeres en la música. No me parece casualidad que fuese la única en contestarme con ese currículum.

—¿Crees que llenaremos? Nunca has cobrado entrada antes —me preguntó.

—No lo sé, tú dame un par de fechas y si sale bien hablamos de más.

—Perfecto.

Ahora tenía dos salas, porque se me da muy mal dejar a la gente, y sentía que una parte de mí no quería marcharse del lugar donde nació el proyecto. Así que mi cabeza pensó: «Perfecto, haremos por un lado el *open mic*, donde todas las mujeres podrán ir a probar sus textos y así las voy conociendo, cómo son sus bloques, si cuadran con el proyecto. Y, por otro, seleccionaré a "las mejores" y las llevaré a un show más grande y medido». Y así fue cómo la Riot se dividió entre la Petit Riot Comedy y el Riot Comedy Show.

Y pensaréis: «¡Oh, qué guay!».

¡PUES ESTO TAMBIÉN MOLESTÓ!

Es que es increíble, ¡lo pesados que son en esta industria! ¡Qué agotador! ¡Qué panda de bebotas y bebés llorones! Ahora desarrollaremos las «razones».

Volvamos a la Moby Dick. Es el primer show en una sala «grande» que vamos a tener y quiero cumplir con todos los detalles que hay en mi cabeza:

1. Lo primero es señalar que hacía pocos días la había liado por Twitter, como siempre. Una popular cadena de televisión había mostrado con orgullo su plantilla de cómicos y cómicas para ese año en total: diecisiete cómicos y

dos mujeres. Así que, como buena persona fiel a su lucha digital, pillé la imagen, la RT y dije: **«¿Qué es esto? ¿Qué pasa, que no hay mujeres? Venid a la Riot a verlas».** O algo así, ni me acuerdo, y mencioné a @eldirectordecontenidodelacadena. Se lio un poco, yo no considero que tanto, pero sí que generó alboroto.

Por si picaba la liebre, y como buena defensora del feminismo interseccional, no quería perder la esencia de mostrar que en este show entramos todas. Observé la cantera que se había formado hasta ese momento y me di cuenta de una cosa. «Somos todas mujeres cis, menos Elsa, que es trans». Si voy a crear un día para visibilizar a todas, Elsa tiene que estar. Vale, ahora me he dado cuenta de que somos todas blancas españolitas. Ahí tuve que preguntar: «¿Hola, conocéis alguna mujer que no sea blanca españolita que haga buena comedia?». Y la vida me regaló a Asaari.

2. En el escenario no podía haber más de seis monólogos, porque igual nos daba el día siguiente en la sala. Pero quería que todas las que habían participado estuviesen, por lo que le pedí a cada una que mandase un vídeo haciendo la comedia que le apeteciera. Y yo lo proyectaría en la pantalla con su perfil de Instagram para que las pudiesen seguir, al igual que haría y hago con las cómicas participantes. Esto ahora parece muy normal, pero en su momento casi nadie, por no decir nadie, lo hacía. Las redes en la industria eran una especie de magia negra que no querían tocar, ser *influencer* en la comedia se veía hasta «desprestigiante».

Pero yo, que ya venía de «Abuela, salgo en la Net», sabía que era la herramienta más potente para difusión que se había creado jamás.

Mandaron muchos vídeos geniales, pero el más chulo era uno de Roxi Folclórica en el que doblaba a varios personajes de una manera brillante. Es posible que, si has venido a alguna Riot, hayas visto ese vídeo, porque le pedí poder usarlo de entrada para el show durante muchísimo tiempo. Gracias, Roxi. ¡Reina talentosa!

3. Quería que no se quedase en un simple show en el que la peña pone su opinión a la mañana siguiente. Quería que se hablase, pero bien bien de ese día. Así que pedí a mi entorno que me diesen contactos de prensa, más los que yo tenía de entrevistas anteriores. Por otro lado, invitaría a gente influyente que había conocido en mi trayectoria haciendo entrevistas con «Abuela, salgo en la Net». Y así fue como invité a Ignatius Farray, conocido cómico integrante de *La vida moderna*. Y este se trajo a todo el equipo del famoso programa *La resistencia*, incluido el presentador.

4. Puse las entradas lo más barato que pude, a 6 euros. Porque lo que menos me importaba era el dinero. Mi prioridad era que viniese la gente, deseaba continuar con ese grito social que estaba retumbando por el mero hecho de estar unidas.

Llegó el día, era la tercera vez que me subía a un escenario y la última había sido hacía unos meses. Apenas había dormido porque el Ruso me había mandado un proyecto de última hora que me tuvo despierta hasta las cinco de la mañana. Ansiedad, insomnio y pocas tablas sobre el escenario. Perfecto cóctel para… ¡Para cagarla!

La producción me salió de 10, bueno, de 6,5, pero salió. Ahora, de la actuación no sé si puedo decir lo mismo. Me acuerdo de poco. De muy poco... No os voy a mentir: de casi nada. **Sé que ellas estuvieron brillantes,** pero a mí me faltaban tablas, así que a la que no entró el primer chiste comencé a hacerme pequeña. Tan pequeña que me iba hacia atrás en el escenario y me escondía en la penumbra. Solo sentía que me quería morir en ese mismo instante. Seguía hablando como un papagayo, pero mi voz comenzó a apagarse. Mi gente dice que no lo recuerdan tan dramático. Pero yo lo viví como si estuviese cayendo a un pozo infinito de miedo y angustia. Bueno, es que estaba cayendo y lo peor de cuando caigo a ese pozo es que vuelven los

¡PIIIIIIIIIIIIIIIIIIIIIIII!

Puedo escuchar ahora mismo a mi psicóloga Inés como si la tuviese delante en este momento:

—Sara, los ¡PIIIIII! no son pitidos, son episodios de disociación, que te dan cuando alcanzas picos de estrés muy altos.

—Me molaba más verlo como un superpoder.

—Bueno, si lo quieres ver así, guay, pero vamos a aprender a controlarlos.

El caso es que ese día el ¡PIIIIIIIIIIIIII! volvió más fuerte que nunca. Pero no me callé pese a que quería. «Termina esto, Sara. Tranquila, la próxima vez lo harás mejor».

Terminó el show. Otra vez brillantes, otra vez el público enloquecido. Suben todas las cómicas, las que han actuado y las que han salido en los vídeos. Todas juntas en el escenario. Otra vez esa sensación en el estómago de que algo ha cambiado para siempre, de estar viviendo algo revolucionario.

Comienzan a recoger la sala y yo me voy despidiendo de todo el mundo. Salgo a la puerta y veo a Ignatius, a su lado está Broncano. Los admiro muchísimo a los dos, bueno, a los tres, pero Quequé no estaba. Negar que la Riot Comedy fue inspirada tanto para bien como para mal por *La vida moderna* es negar una realidad muy grande. Yo fui de esas personas insoportables que dicen: «Yo lo vi desde el primer programa, desde antes de que fuesen famosos». Y así es. Llevaba siguiéndole años la pista a Ignatius, su forma de hacer comedia tan esperpéntica y humana me cautivó artísticamente. Verle actuar era como observar un loco sincericidio, en el que la comedia atravesaba de manera cruda la realidad para transformarla en humor. No había juegos de palabras, las estructuras cómicas se mantenían y diluían en el caos. Me fascinó que su estilo expresivo hubiese quedado más breve.

Después de ver actuar a cada uno de ellos, mi cabeza explotó con la exclamación de

¡WOW, SE PUEDE HACER ESTO CON LA COMEDIA!

Y, por otro lado, estaba Broncano. Su humor era más como el del chaval graciosillo, el malote de la clase. Creo que ellos dos con Quequé hacían un combo bastante ecléctico y gracioso. La comedia más adolescente se unía a la política junto con los delirios filósofos, y todo esto mientras te ríes. Así sentía yo el programa. Pero mi despertar feminista se rompió poco a poco, primero viendo que apenas hablan de mujeres, y segundo cuando Ignatius comenzó a hacer chistes sobre el feminismo. **Cada uno es libre de expresarse como quiera, pero cuando tienes un altavoz tu expresión es poder, y ese poder a veces es muy complicado de asumir.** No recuerdo los chistes, o si la ironía acertaba o no con sus reflexiones, pero sí me acuerdo del momento social que estábamos viviendo. Irantzu Varela, Beatriz Serrano y otras muchas hacían vídeos cortos en los que nos despertaban a todas y hablaban de actitudes machistas, conceptos del feminismo... Estas mujeres estaban siendo criticadas y amenazadas constantemente en redes. Había chistes hacia ellas en foros, vídeos reaccionando por parte de señores que decían hablar de política pero que solo alimentaban su bolsillo, y plataformas dedicadas a insultar y «reírse» de mujeres que se atrevían a levantar la voz. Era un momento de mucha violencia, tanta que he ido a buscar el canal de @BuzzFeedLola en YouTube y ya no existe. Es como si de repente quisiéramos borrar esa época. El resumen es que la violencia que recibían y recibimos las feministas era brutal. Y yo los sentía de nuestro lado, hasta que empezaron los chistes y con ello se abrió la veda para poderse reír aún más de las feministas, clasificándolas entre las buenas (las que ellos aprueban y de las que no se ríen, las mencionan y las usan como escudo para poder justificar su misógina) y las malas (las que según su prisma están haciendo las cosas mal y merecen todo el odio y las vejaciones del mundo).

¿Y de dónde se sacaban esta segregación? De sus cojones morenos. En esa época es cuando de repente vi a muchos hombres que habían permanecido callados usar las palabras de Ignatius como arma arrojadiza para poder seguir justificando su odio hacia las mujeres. Y me aterroricé.

Pero… ¿son solamente chistes? Resumir el poder de la comedia, las redes y el fanatismo a solo chistes es no haber observado el fenómeno social que fue *La vida moderna*. Tres señores contando sus movidas que entre chistes bromean con crear un modelo de sociedad alternativo llamado Moderdonia, hacen su propia bandera, un himno y unas normas de broma, los fans aumentan y muchos de sus bloques se acercan más al mitin político que al puro entretenimiento. Miles de personas comienzan a seguirlos, llenan estadios y exactamente igual que ocurre en la película de

NUNCA SON
SOLAMENTE
CHISTES.

La ola (película alemana inspirada en unos sucesos que tuvieron lugar en 1967, cuando, tras cinco días de experimentos, el profesor de Historia Ron Jones tuvo que interrumpir el proyecto «La tercera ola», con el que pretendía demostrar a sus alumnos de la escuela Cubberley de Palo Alto, en California, la dimensión real y los peligros de la autocracia). Muchos seguidores comienzan a tomarse en serio el movimiento, ven unos líderes en ellos y el fanatismo cobra forma de locura. Cómo sería el efecto fan que muchos seguidores aún hoy en día creen que si hubiesen sacado un partido político habrían conseguido por lo menos algún escaño, en parte por seguir la broma y en parte un poco de verdad.

Entonces, ante este poder que tenían, no me iba a doler que de repente las feministas pasasen a ser un chiste. Pero, pese a que había dejado de seguir los programas, totalmente decepcionada, en mí residía una pequeña esperanza de que se diesen cuenta de que tenían el poder de cambiar las cosas.

Por eso los invité y por eso quería saber su opinión:

—Hola, Ignacio. ¿Qué te ha parecido el show?

—Ha estado muy bien, las chicas muy bien, muchas gracias por invitarme y que esto no pare.

—Y a ti, Broncano, ¿qué te ha parecido?

—Los bocadillos del sitio están buenos, y al fondo había sitio para comer muy cómodo, me he tomado uno riquísimo.

Mi cabeza por primera vez contestó lo mismo que mi boca. «¡Ah! ¡Pues ok!». Pero el saber estar de señorita me arrolló de nuevo.

—Muchas gracias por venir, me ha hecho mucha ilusión.

Cuando lo que de verdad quería decir era **«pero ¿qué es esta respuesta tan sumamente sinvergüenza, colega?».** Me dice que le ha entrado un apretón y no lo ha visto porque se ha pasado las dos horas de espectáculo cagando y me hubiese ofendido menos tanta indiferencia.

Pero, bueno, algo funcionó y a algunas de las chicas que actuaron ese día las llamaron para grabar sus monólogos en el programa. Además, algunos representantes de «la popular cadena» también vinieron infiltrados a las siguientes Riot Comedy en busca de cómicas para un nuevo programa que, mágica y curiosamente, iban a crear solo de mujeres tras la «polémica».

Y, claro, esto las alborotó a todas.

A partir de ese momento ya nunca sabría diferenciar entre las que me apoyaban o solo querían el foco de la Riot. Entre las que estaban a favor del movimiento social o las que solo se querían sumar al carro para crecer.

Recuerdo especialmente un pollo que me montó una chica en un descanso de la Petit Riot Comedy. Ella era de «las cómicas antiguas», así se hacían llamar las que llevaban más tiempo.

—Penny, ¡estoy indignadísima porque me has cambiado a la Petit Riot Comedy!

—Es que no te conozco y quería ver tu texto antes de llevarte a la grande, lo hago con todas, para ver qué historias encajan con cuales y que haya variedad.

—Pues me da exactamente igual, yo vengo aquí para tener visibilidad laboral, ¡¿entiendes?! Y tú eres una niñata que acaba de entrar en la comedia y no tienes ni idea de cómo van las cosas y lo que me has hecho es una falta de respeto.

¡OOOH, WOW! Fascinante comportamiento, señorita. ¿Y qué culpa tengo yo? ¿Acaso de verdad soy una multimillonaria que puede salvaros la vida a todas? ¿Tengo que aguantar que me traten como una herramienta para su beneficio sin tener en cuenta el esfuerzo que pongo para que esto salga adelante? Y que encima me lo echen en cara. Quién soy yo, ¿sus padres? ¿Y esta señora está pataleando porque no le han traído la heladera de Flamopley los Reyes? ¡Es que estoy flipando con este circo!

De nuevo no dije nada de lo pensaba. En ese momento simplemente respiré y me marché a seguir con el show. Pero su despotismo y exigencia solo era la primera de muchas que me iba a comer por parte de algunas compañeras.

LA FIESTA DEL M

Hace unos días, un colega (bueno, venga, que le hace ilusión salir en el libro, es el Erik, gran catalán y mejor persona) me dijo: «Voy a hacer la fiesta del M en mi casa. ¿Te apuntas? Tranquila, es en plan *chill*, con luces y música, poca gente».

Jamás había probado el M o no conscientemente. Me parecía la mejor forma de hacerlo, así que mi respuesta no tardó ni un segundo en ser un rotundo sí.

A los pocos segundos me dio un pinchazo de inseguridad en el estómago: «¿Y si me pasa algo?». Nunca he sido muy fan de las drogas, o eso creía, porque fan del alcohol nos hacen nada más nacer. Cuantas veces habré escuchado en misa eso de que «aquí están el pan y el vino».

¿Y qué es el vino sino una droga?

Eso es porque tenemos supernormalizado el alcohol, pero imaginad que, en vez de vino, dijésemos: «Aquí están el pan y el cubata». Nos parecería raro.

Pero, ay, si dijésemos: «Aquí están el pan y la marihuana», entonces todo el mundo se echaría las manos a la cabeza. O si fuese: «Aquí está el pan y el M». Seguro que alguna secta ya hace eso.

Volviendo a lo de que no era muy fan de las drogas, eso es porque soy niña de los años noventa y esa generación creció con la sombra de las muertes por heroína.

He crecido con cientos de historias del tipo: «Una persona se tiró por una ventana porque se fumó un porro y se lo dijo un duende». También campañas de drogas no en la pantalla. Y con yonquis por las calles del barrio que, al cruzarse, tu madre comentaba:

«Qué pena, con lo guapo que era ese chico. Lo que hace la droga».

Y, pese a que ese miedo atroz me ha acompañado siempre, ya tengo treinta y dos años y me he fumado muchos porros y aún no he visto ningún duende. Así que algo dentro de mí dijo hace algunos años: «Bueno, chica, si quieres probar algo lo haces, pero con método, como dijo Lola Flores».

Y gracias al método Lola Flores os puedo opinar ahora de cuatro drogas: la cocaína me parece una droga estúpida que solo sirve para estar más despierta y con una falsa seguridad rarísima. No me merece la pena. No entiendo qué le ve la gente. Además, la gente encocada es bastante insoportable y, a veces, violenta. Encima es cara. 0 estrellas.

También puedo afirmar que los porros son muy buenos para la relajación y la introspección, y malos para salir de fiesta si lo que quieres es tener energía. Si los usas bien, pueden ser un gran apoyo para pensar en cosas que no haces normalmente porque te come la ansiedad. Demasiado tentadores cuando estás mal, puedes acabar convertido en un poto del salón, inmerso en un círculo vicioso de no hacer nada porque te come la apatía y todo te da igual. La gente fumeta es de diez, la mejor gente, solo quiere dar la chapa y ver vídeos en bucle. Contras: si el consumo es demasiado continuado puede hacer que te conviertas en un imbécil que no ve más allá de sí mismo. 4 estrellas, se recomienda contratar seguro para salir del pozo.

El alcohol está muy normalizado para lo adictivo que puede ser. Te canta la poza. Es fácil de conseguir, está bien visto. La gente raja cosas que no rajaría estando sobrios. Si alguien es imbécil borracho es que ya era sin estarlo, lo que pasa es que lo estaba escondiendo. 3 estrellas, bueno, 2,5 porque da una resaca asquerosa.

El M…

Para esto mejor que viajemos a la fiesta del M.

Una luz morada y acogedora alumbra la habitación resaltando las pinturas fluorescentes que llevamos sobre nuestros cuerpos semidesnudos y, sorprendentemente, nada sexualizados. Un humo denso hace que sienta como que floto o que paso cortinas para hablar con la persona de al lado. Puedo sentir la música, puedo verla si cierro los ojos. Joder, vamos terriblemente colocados y es increíble.

Noto mi voz interior distorsionada, como si me hablase a mí misma desde una cueva dentro de mi ser y a la vez desde una nube plácida y lejana. Percibo como esta voz narra mis pensamientos:

«Buf», que no PUF (Paloma Urban Fashion), «nunca me había sentido tan feliz. Estoy en paz con todo el mundo, con todo mi ser, con todo lo que soy y lo que aspiro a ser. Ya no guardo rencor a nadie, ya nada me pesa. Ahora mismo todo da igual, esto es lo que deben llamar plenitud».

Miro a mi derecha y ahí está mi amiga Claudia. Claudia y yo nos habíamos distanciado unos meses, pero ahora estábamos volviendo a retomar el contacto. Noto un extraño brillo de tristeza en sus ojos, no entiendo nada. Se acerca a mí y me dice:

—Lo siento, siento lo que te hice, me arrepiento cada día.

—No pasa nada —le respondo—, ya pasó.

Me siento una especie de Jesús perdonando a los romanos en la cruz, no me extraña que la gente pierda la cabeza con estas mierdas, es increíble el estado al que te mandan.

—No, de verdad que lo siento mucho, y más sabiendo hasta dónde te llevó. No me puedo perdonar haber sido partícipe de eso».

—Ya te he dicho que ya pasó, ya os perdoné a todas. Incluso a las que consideran que jamás deberían haber pedido perdón. Ya lo entendí todo, ya nada duele, Claudia. Cada una tiene su camino y pasan cosas. De eso va la vida, ¿no?, de que pasen cosas. Y lo que yo pasé, pues en el pasado está. Y lo que tú hiciste, también. No te hablo desde el M, que también. Te hablo desde lo que llevo hace varios meses trabajando. Hay gente a la que la he perdonado del todo, y gente con la que necesito más tiempo. Y a ti te perdoné desde el primer momento.

Ahora la decisión de que volvieses a mi vida me ha costado un poco más, pero ha merecido la pena. Una cosa es perdonar, pero perdonar no implica volver a retomar las cosas desde donde estaban, sino dejarlo en el pasado tranquilo y sin tocarlo o reconstruir de cero, como la canción de La Zowi y Yung Beef.

—Joe, menudo raje tengo. ¿Crees que es por la droga? Me siento superbién, ojalá pudiera sentirme así siempre.

—Tía, las drogas son como si coges la realidad, abres una puerta y te sales de ella un rato.

Claudia siempre tiene las mejores frases para cerrar una reflexión y esa noche no iba a ser menos.

—Ya, sí, exactamente eso son las drogas. Por eso, cuanto más jodida esté tu realidad más vas a querer escapar de ella y por eso son tan peligrosas, no por el efecto en sí, sino por la necesidad de huir constantemente de esta.

Tengo que darle un abrazo gigante, un abrazo gigante de personas colocadas que se acurrucan como Peter Griffin al sofá, diciendo:

«Ains, pero qué suavvveee».

Agarro el móvil y escribo lo siguiente en notas:

El perdón:

El perdón se ha visto siempre como un acto altruista. Como si fuese algo que uno hace por los otros más que

CUANTO MÁS JODIDA ESTÉ TU REALIDAD MÁS VAS A QUERER ESCAPAR DE ELLA.

por uno mismo. Cuando en realidad el perdón es uno de los actos más egoístas que existen, un acto por y para la liberación de una misma. **Porque nadie debería querer cargar con el peso del rencor, el odio o las heridas del pasado eternamente.**

El M: demasiado bueno en el momento. 5 estrellas.

La resaca es como tener 5 depresiones a la vez.

Sigue siendo muy bueno.

Demasiado bueno. No tomar habitualmente.

MEJOR

4,5 ESTRELLAS.

Diciembre de 2018

TÚ A ~~LONDRES~~ REHAB Y YO A ~~CALIFORNIA~~ LA COMEDIA

Observo mi habitación, está desordenada como siempre. Las paredes que hace años fueron blancas lucen ocres. Intento adecentarla lo máximo posible. «Adecentarla», vamos, recoger las bragas y los vibradores del suelo. Va a venir a visitarme Álvaro, mi amigo de la adolescencia. Hace años que el grupo que teníamos se disolvió y otros pocos años que no lo veo. Me escribió hace un par de semanas:

> Hola, ¿nos vemos? Sé que ha pasado mucho tiempo, pero tengo algo importante que contarte.

¿Qué será? ¿Qué será? ¿Qué misterio habrá? ¿Se va a casar? ¿O igual va a adoptar un hijo con su novio? Ainsss, ¿qué será? ¿Qué será?

Ya estoy abajo.

Le abro la puerta. Está igual que siempre: tiene el pelo rubio. Recuerdo su obsesión de la adolescencia por mantener el pelo lo más claro posible, lo que le llevó en más de una ocasión a terminar con el cabello quemado o de color naranja, pero esta vez, tras tantos experimentos, sus mechas están perfectas. Sus ojos son azul claro y viste como salido de una revista de El Corte Inglés en los años noventa. Es más, parece un niño salido de una revista de cayetanos y le encanta.

Lo abrazo.

—¡Cuánto tiempoo!

Da igual el tiempo que pasemos sin vernos, demasiado tiempo juntos en la infancia como para verlo como un desconocido. Álvaro se separa, está sonriente y triste a la vez.

—¡Tenemos que ponernos al día, pero antes un porrillo!

—Bueno, llevo años sin fumar, las dos veces que lo he hecho en mi vida he acabado fatal, con unos buenos amarillos de oro.

—Ah, pues si no quieres, más para mí.

—Vale, le doy dos caladillas y vemos.

Álvaro se sienta en mi cama, es el lugar más cómodo de la casa. Los sofás del salón son muebles de abuela muerta y se te clavan en la espalda como si el espíritu de la mujer que vivía allí antes los hubiese poseído, y a cada segundo que pasas sobre ellos parece que te atacase con punzadas de dolor bajo el grito de ¡a que duele! ¡Pues más te va a doler cuando seas vieja! ¡Ya verás! Bueno, incomodísimos.

Álvaro se enciende el peta.

—Bueno, ¡a ver la noticia! ¡No me digas que te casas, porque me da un parraque, que yo aún me siento joven y no puedo asumir que la gente se case!

—No me voy a casar... Me voy a... [tururururú, tambores] **¡ingresar en una clínica de rehabilitación!**

—¡¿QUÉ?! ¿Por qué?

—Bulimia, drogas y diversos comportamientos que son de adicto.

La palabra «bulimia» retumbó en mi pecho como si se abriese una puerta que llevaba años cerrada, es más, que nunca se abrió.

—¿Tú también? Suponía que lo hacías, pero nunca te quise decir nada. Estábamos tan focalizados en Sandrix...

—Que lo nuestro pasó desapercibido hasta para nosotros mismos.

—Así es. Ahora sí que hubiese preferido que me dijeras que te casabas.

—¿Y ese porro entonces?

—Me estoy echando los últimos con gente a la que considero importante, y os lo quiero contar.

—Entonces vienes a traerme a mí la droga como el que entrega una maldición para deshacerse de ella.

—Créeme que los porros son lo más *light* de las cosas que he hecho en mi vida.

Continuamos la noche, nos pusimos al día y me fue contando a cada historia más rocambolesca.

—¿Te acuerdas del circo que montaste para decirme que eras gay?

—Te llamé por teléfono llorando a moco tendido diciendo: «¡Saaaraaa, te tengo que contar una cosa!».

—Claro, y yo asustada.

—Y me dijiste: «¡ÁLVARO, ¿TE HAN VIOLADO?! ¡DIME QUE NO TE HAN VIOLADO!». JA, JA, JA.

—A ver, no te rías. Tiene todo el sentido del mundo, te acosaban tanto como a nosotras. Aún recuerdo la vez que saliste pálido de los baños del centro comercial porque te intentó meter un viejo en uno de los aseos tocándose la chorra. Normal que me preocupase... Y yo ahí agobiada y tú: «¡QUE SOY GAY!». Llorando la dramática, el susto que me diste, maricón.

—Ya, y tú: «Ah, ya lo dábamos por hecho hace tiempo».

—Es que el que no lo asumías eras tú.

—Bueno, tampoco se me notaba tanto.

—De verdad, pero tú te has visto. ¡TÚ NOS HAS VISTO! La bollera y el maricón.

—Pero si tú eres una hetera.

—Bueno, igual no tanto. Igual con alguna chica sí que he estado.

—Tranquila, ya lo dábamos por hecho hace tiempo.

—¡PUM! De vuelta diez años después. A ver, también te digo que estoy jugando la partida LGTBIQ+ en modo fácil porque aún no he salido con ninguna.

—Ya te llegará, ya. ¡PREPÁRATE PARA LOS BOLLODRAMAS!

—Suficientes dramas me dan ya los señores.

Seguimos, parece que no me está dando un amarillo. Pillamos algo de cenar y seguimos poniéndonos al día. Le cuento que he creado un show de comedia feminista y que además estoy tela de ilusionada porque por fin han comprado *Señorás fetén* y está funcionando muy guay.

—Menudo show para que lo comprasen, sabes que lo llevaban a las cadenas y decían **«no, gracias, es que ya tenemos un programa de mujeres».** Ahora, de tíos puedes tener toda la plantilla. ¡Una rabia que sentía cada vez que me enteraba de que habían dicho eso! Y miraba un poco la industria y, ¡pum!, programa de tío, este que le están señalando de ser presuntamente un acosador públicamente. ¡Pues dos programas más para ti, guapo! Qué rabia.

—¿De verdad pasan esas cosas?

—Y más que me ha tocado ver, acabas un poco quemada.

Yo también tengo un bombazo preparado que le quiero soltar.

—He dejado mi trabajo en la agencia de publicidad.

—Y cómo ha sido eso.

—Pues, como diría mi compañera Marta: un cuadro. Me hubiese salido mejor que me despidiesen, y eso que puntos tenía. Llegaba tarde, discutía con el Ruso de política.

Una vez pensé «de esta me echan». Puse un tuit contestando a una *influencer* que se puso a hablar en contra del aborto: «Chica, año 2018, ubícate», le venía a decir, más mi buena chapa feminista. Pues no va la repre de la tía y ¡LLAMA A MI JEFE POR TELÉFONO! y atención a la frase: «¿Qué hace una de tus trabajadoras atacando a mi representada?». O sea, ¿en qué punto mental de embriague de poder te tiene que poner la fama para pillar a una tía que ha puesto un tuit, mirar dónde trabaja, llamar a su jefe y amedrentarlo con algo que es de fuera del trabajo y así poner en peligro el puesto de trabajo de esa persona?

—En uno muy loco, pero para loco yo, que soy al que van a encerrar.

—Puajajajajajajaja. ¡BASTA!

—¿Pero eso del feminismo te renta?

—No lo sé, o sea, sí... Monetariamente no, la paguita feminista no existe. No te metas, es una trampa. Pero descubrirlo fue como cuando de pequeño llorabas mucho, muy fuerte, y te quedabas sin respiración. Que todo el mundo pone cara de «oh, no, ¡esta criatura va a morir!». Incluso tú mismo piensas que no vas a volver a respirar jamás y que esto es el fin, y de pronto, ¡PUM!, vuelves a respirar. **Pues el feminismo es esa última bocanada, y me encantaría dejarlo y no hablar de ello, pero es que no puedo, simplemente no puedo.** No sé cómo explicarlo: me gustaría poder hablar de más cosas y lo hago, pero la visión feminista siempre está ahí. Es que... No sé, es que ya no puedo callarme.

YA NO PUEDO CALLARME.

Hablo sin parar, he entrado en bucle.

—Cuando te das cuenta de que todo en tu vida ha estado atravesado por el machismo, es como que pese a que te cabreas comienzas a entenderlo todo un poco más. Mira, un día hace años queríamos formar una agencia de representación de *influencers* antes de que existiese ninguna, que es ahí en ese proyecto dónde conocí a mi mejor amigo, el Adri.

—A ver, enséñame foto. Mmm, está tiernooo.

—Oye, por favor, en mitad de una charla feminista no te me pongas a cosificar a hombres. Pero, sí, es el más guapo.

—Total, escucha, que si no, me pierdo. Íbamos a montar esa movida y nos reunimos con un «famosillo» que iba a invertir.

—Dime el famosillo.

—No puedo, bueno, sí puedo se llamaba... **Piiiiiiiiiii.**

—¡Qué fuerte!

—Bueno, eso no es lo importante. Total, que estamos sentados con este pituto en una mesa seis pavos y yo, que no nos conoce de nada a ninguno, solo a uno. Y empieza pavo por pavo. ¡GRRRRRR!

—¿Acabas de imitar a un pavo?

—Soy la reina de la comedia feminista pero también la de la *boomer* cuando menos te lo esperas. ¡YA ME HE VUELTO A PERDER! Total, que el monseñor este empieza a señalar a cada uno de mis compañeros ¡HOMBRES! y a otorgarles un puesto de ¡DIRECCIÓN! según él veía sus aptitudes mentales. ¡Y LLEGA A MÍ! y suelta: «¡Y tú, que eres medio monilla!». ¡MEDIO MONILLA! ¡FALTOSO ENCIMA! «Tú de relaciones públicas».

¡AH! Ok, y no me dijo «tú te encargas de las mamadas para conseguir clientes» porque le iba a quedar feo. ¿Perdón? Y como estas, otras tantas en los curros.

—¿Y al Adri qué le dijo?

—No estaba ese día.

—Ufff, qué pena. A ver, enséñame otra foto.

—¡Oye, por favor! Guarra, cochina, marrana, ¡PUTA! ¡PUTA!

—¡PUTA! ¡SIN SER YO NADA DE ESO!

Las vecinas de Valencia, el mejor vídeo que nos ha regalado internet.

—Y hablando de ser bien putas. El cómico ese que me dijiste.

—¿Taquito de Vieira? Nada, o sea, mucho, es decir, todo mal, sinceramente.

—Explícate.

—Es una mierda, estoy agotada. Llevo mucho sin verlo y mi intención es no volverle a ver.

—Explícate más.

—A ver, lo conocí y me gustó, hasta ahí bien. Pero luego las cosas se empezaron a poner turbias, no me molaba una mierda cómo me trataba. Me escribía siempre a las mil de la mañana mandándome una puta coma y al principio me hacía gracia, pero descubrí que es una dinámica bastante mierda en la que a cada mujer le tiene asignado un emoticono, y me empezaron a llegar tías a contarme movidas con él y yo pensé: «Joder... No son celos, es que cómo voy a estar viéndome con una persona que trata a las mujeres como ganado con su marquita y todo». Luego comenzaron las indirectas por Twitter. Si discutíamos, o lo que fuese, a la mañana siguiente alguna mierda que había dicho yo el día anterior me la encontraba hecha chascarrillo en su perfil, pero eso a la vez me enganchaba, ¿sabes? Y yo he caído y he hecho lo mismo, porque caes, pero es una dinámica de mierda supertóxica. Y pensaba: **«¿Volverá a aparecer? ¿Irá esto por mí? Ains, no, seguro que yo soy especial».** Y sabía que no, que solo era una imbécil que se estaba dejando manipular por un tarado. Pero hay algo, no sé, como que me ha hecho volver a caer una y otra vez que no sé qué es.

—¿Falta de amor y de amor propio quizá?

—Joder, sí, pero tampoco hurgues en la herida.

—No hurgo, a mí también me pasa. Avísame cuando lo descubras.

—Pero ahora estoy conociendo a otra persona, se llama Ratón Mojao y es bastante guay, así rojeras.

—A ver, foto. —Le enseño una—. No me gusta, me gusta más Adri.

—Oye, por favor, es que no podemos más.

—Porque nos rocían con orines y productos químicos.

—Jajajajajajajjajajajajajaja. Ains, Álvaro, una cosa que te llevo queriendo decir hace mucho rato. Tú eras muy fan de Lindsay Lohan, ¿no?

—Sí, es mi reina, mi diosa.

—Joder, eres tan fan que le has copiado hasta lo de las drogas.

—Jajajajajajaja. ¡BASTA, ZORRA! JAJAAJAJAJA.

La noche ha estado increíble, son las mil de la mañana. Un taxi lo espera en el portal.

—Bueno, Álvaro, entonces ... ¿Tú a Londres y yo a California?

—Tú a la comedia y yo a *rehab*.

—Así suena aún más interesante la película. Nos vemos cuando salgas. Menuda chapa te he metido.

—Bueno, en realidad yo te la metí a ti igual, pero no lo quieres contar para mantener la privacidad de tu entorno, además de que estás usando este momento que tuvimos como una herramienta narrativa para resumir cosas que te pasaron en esos meses y no has contado.

—También es verdad.

EL DÍA DE *LA RESISTENCIA*

Llegó el día, y con él la gran duda de toda buena señorita: «¿Qué me pongo?».

Recorro los pasillos de la única tienda en la que con suerte podré encontrar algo que me entre para ir «decente» al programa. La voz de la vergüenza gorda hoy tiene el día jolgorioso: «No te entra nada, vas hecha una circa. ¿Ves? Si no te hubieses puesto a comer como una bestia, si hubieses cerrado el piquito…».

A no ser que tengas una solución para bajar 30 kilos en dos horas, mejor será que te calles, cabeza, y empecemos a ver las cosas de manera positiva.

Encuentro unos pantalones verdes y una sudadera roja corta, esto puede estar bien.

La noche anterior estuve hablando con Ratón Mojao; por lo visto, no somos nada, pero duerme todos los días en mi cama. Mi amigo

Jesús siempre dice de broma que, si has pernoctado con alguien más de tres noches seguidas, eso bajo la ley romana significa que estáis casados. Bueno, pero bajo la ley milenial significa que no somos nada. Me gusta que esté a mi lado.

ES LA PRIMERA VEZ EN MUCHO TIEMPO QUE SIENTO QUE UNA PAREJA ADMIRA MI TRABAJO Y ESTÁ DISPUESTO A APOYARME.

—Sara, da igual lo que te pongas o digas, ese público choca un poco con tu ideología y te va a caer igual.

—¿Mucho?

—No lo sabemos, pero caer te va a caer, así que haz y di lo que te dé la gana.

—Para lo que voy a durar en el convento, ¿no? Me cago dentro.

—Exacto.

Por ese momento el tema de los invitados en *La resistencia* casi era como un circo romano en el que o te amaban o te machacaban. Los jueces: una panda de *mans*, con olor a Cheetos y Red Bull, doctorados en misoginia y frustración sexual, que se unían a comentar en un popular foro de internet y revolucionaban al resto.

Llego al teatro. Está Asaari en los camerinos, me cae bien esta pava, pese a que ella al principio tenía reticencias conmigo. «No sé, tía, te veía como una blanquita más y no me fiaba —me dice a veces la cabrona— pero luego me di cuenta de que ibas en serio con tus valores». Ah, bueno, gracias, pedazo de ZORRÓN. Nos han puesto de catering frutos secos sobre platos de cumpleaños. Se ve bien cutre, pero algo es algo.

—Tía, qué fuerte, gracias por decirme que venga. A ver, es tu show.

—No sé, me dijeron que vinieses y no me pareció mala idea. La idea principal de la Riot es que estemos todas, ¿no? No solo las blanquitas, como tú me dices.

—¡Chicas, a maquillaje y peluquería, por favor!

Nos sientan a cada una en una silla. Asaari saca un bote de su neceser y, con un suspiro, se lo entrega a la de maquillaje.

—Toma, he traído yo.

—No hace falta —le contesta la chica—, tenemos tu color.

—¿De verdad? —Los ojos de Asaari se iluminan—. Tía, es que no sé qué pasa, pero cada vez que voy a un rodaje no hay maquillaje para personas negras. Bueno, sí sé lo que pasa…

Nos maquillan y peinan, las chicas son majísimas. Me fliparía vivir todos los días eso de que me maquillen y me peinen como a una reina.

Un ayudante de producción se asoma por la puerta:

—Chicas, ya estáis listas, ahora tenéis que subir arriba a esperar.

Llegamos al espacio donde «esperan los invitados». Todo mantiene el estilo del programa y está decorado como si fuese una rara mezcla entre una fábrica abandonada y la guarida de las Tortugas Ninja. Está siendo como un sueño rarísimo al que solo le falta… ¡Antonio Resines! No puede ser, ¡Antonio Resines acaba de entrar y se dirige a nosotras!

Antonio se presenta y nos ameniza con un poco de conversación cotidiana de la vida, es un tipo majo. Nosotras observamos la situación. «Menudo cameo más raro se han marcado los guionistas de nuestras vidas», creo que estamos pensando las dos.

—Oye, chicas, ¿nos hacemos una foto? Es que mi hijo es muy fan —nos dice Resines.

Nos hacemos la foto, y yo mientras pienso: «¿Que su hijo es muy fan?». A ver si me ha confundido con el tal Ibai Llanos ese que me salta tanto en Twitter.

—Dame tu número y te la paso —me comenta.

Y yo respondo que «OK».

Hoy en día aún miro mi teléfono con el número de Resines en plan «¿qué hace esto aquí?».

El ayudante de producción vuelve a por nosotras:

—Chicas, os toca salir.

Nos habían anunciado en Twitter diciendo algo así como «las invitadas son estas, aquí ya viene cualquiera. Se nos cuelan como por la puerta del Imaginarium». ¡Qué bien la bromita! O sea, está bien, que es comedia, pero si la observas un poco te das cuenta de que el trasfondo es hacernos un poco de menos sin necesidad.

Pero toca sacar la sonrisa. Como dice la Rosalía en «Motomami»: «Keep it cuuuuuute».

Salimos al escenario con esta sensación: los focos, los nervios y, lo que es peor, las cámaras.

Comienza la entrevista, no recuerdo muy bien lo que dije porque en todos estos años he sido incapaz de darle al Play de nuevo. Es ver ese sofá y que me recorra un escalofrío por la espalda. Pero sí recuerdo las sensaciones.

Yo quería ir a hablar de mi show y de la reivindicación que hacíamos. Broncano apenas me dirigía la palabra, pero no me importaba. Asaari está brillante. «Ya meteré el pastel cuando le dé los regalos», pensaba yo.

—¡TE HEMOS TRAÍDO UNOS REGALOS! —le digo.

¡Pum! Ahí estaba el primer pastel. Solo yo tuve los ovarios de, en un espacio con público tan masculinizado, enloquecido y amante de muchos de los ideales de los incels, sacar unas bragas en las que ponía «FEMINAZI» y después una camiseta con «De ser un señoro también se sale». A ver, por un lado eran parte del *merchan* que había sacado hace unos meses y quería promocionarlo. Por otro, sabía que iban a molestar.

Esto además lo acompañé de un discurso en el que en mi vida he sido tan amable. Llevaba varios programas escuchándole decir que «este programa es cero patriarcal», «machismo *free*». Pero, si lo observabas, de machismo *free* nada. Solo había una guionista en el equipo y un total de cero mujeres en cámara como colaboradoras. Venían algunas de invitadas y guay, pero otras se habían tenido que tragar hordas de machistadas por parte de su público.

—A ver, el tercer regalo es porque siempre dices que este programa es cero patriarcal.

—¿Sí?

—Y sí, relativamente.

—Vale.

Con ese «vale» la tensión empezaba a aflorar. **Nada molesta más a alguien que piensa que está haciendo todo perfecto que le hagas un pequeño GRAN señalamiento.**

—Porque... no tenéis colaboradoras cómicas. Un pequeño detalle, eso ya avanzará.

(Tardarían unos años desde aquel día en meter colaboradoras cómicas, pero yo sabía que llegaría, soy bruja).

—Pero sí que es cierto que tratáis con respeto a las invitadas.

—Hombre, claro.

—No, hombre, Pablo Motos no lo hace.

—Bueno, hombre, yo creo que sí. Yo creo que sí, hombre...

—Pablo Motos te pregunta si duermes con bragas o no...

—Si venís aquí a meteros con Pablo Motos...

Y dice Asaari:

—Eh, que David tiene la tarjeta esa con la puede entrar pim pam pum por su casa.

DE SER UN

SEÑORO

TAMBIÉN SE SALE.

—Entonces por el esfuerzo que hacéis de estar saliendo de esa ideología un poco rancia...

—¿Pero eso quién?

—Te regalo mi camiseta que pone «De ser un señoro también se sale».

Y, pum, a partir de ahí la energía cambió, ya sí que se notaba que a mí no iba a volver a estar dirigida la entrevista. Lo noté un pelín evasivo y picado. Igual le debería haber traído un bocadillo de la sala donde actuamos, como le gustan taaaaaantooo...

Pero no me importaba. ¡Lo había dicho! Había dicho lo que quería decir.

Salimos de la entrevista. Aún no la habían emitido. Me piré a comer unos tacos.

LA MINITURRA ⑩
ACEPTAR EL ERROR

22 de marzo de 2023

Hace unos meses, el Ministerio de Igualdad en España sacó una campaña contra las actitudes machistas. En él salían reinterpretados fragmentos de polémicas machistas que han sucedido estos años. Pues el programa *El hormiguero*, uno de los más importantes del *prime time* español, por lo que sea, se ofendió y su presentador salió muy indignado a quejarse contra el Ministerio de Igualdad.

Ese día pensé:

«¿Por qué son así? ¿Por qué son tan tontos? Si lo tenían facilísimo para quedar bien. Si se lo han puesto en bandeja...».

Lo habrían solucionado con algo tan sencillo como haber salido y decir: «Lo sentimos mucho, el machismo está presente en todo y muchas veces no nos hemos dado cuenta o en ese momento nos pareció que podía ser divertido. Ahora vemos nuestros errores y aprenderemos de ellos, porque nuestra prioridad es que estén cómodos tanto invitadas como invitados y sean tratados de la misma forma».

¡PUM! ¡PABLO MOTOS SE CONVIERTE EN ICONO FEMINISTA! Alguien seguro que se enfadaría un poco, pero los halagados serían mayoría.

También me da rabia un poco esa frasecita de «es que el feminismo, si no lo explican los hombres, los otros hombres no lo van a entender». Como si nosotras hablásemos en lenguas muertas e hiciese falta un traductor varón que se crio con una manada de lobas en el bosque, bajo el cielo de cuatro lunas moradas, para que nos entiendan.

Y luego está la situación de que un hombre dice la mínima «no machistada» y, oh, ya es un héroe. ¡Ojalá hubiese más hombres como tú! Ahora, si una feminista dice algo que nos chirría un pelín, enseguida saltan: «A la hoguera con ella, mala, loca».

Pero ahora no estaba con esto, lo importante es que tenían un altavoz muy grande para que les saliese la jugada de 10.

Y con Broncano igual, mucha gente piensa que lo dije desde la rabia o buscando que le doliese. Pero mi objetivo principal era señalar algo que estaba haciendo daño. Como ya he dicho, antes lo admiraba y era consciente del poder de comunicación que tenía, así que él podía haber dicho de nuevo algo así: «Ostras, es verdad, qué panda de sinvergüenzas somos. Pues no me había dado cuenta, uuuh, qué bochorno. Bueno, pues tienes razón. Vamos a empezar a llamar a más compañeras. A las mujeres hay que tratarlas bien…». Todo esto entre risas.

Solo con esto, todo hubiese sido diferente.

Pero para eso hay que aceptar la culpa, y en esta sociedad nos han enseñado que prima el aparentar que se carece de defectos antes que aceptar y sanar nuestros errores.

Creo que hemos llegado a un punto muy loco en lo que se refiere a los avances de la tecnología para que sea posible la comunicación, pero que a la hora de expresarnos entre nosotros estamos muy atrasados (menuda frase más básica me ha quedado). Siento que, **cuando alguien nos señala algún comportamiento de nosotros mismos en el que hemos hecho algo «mal», tendemos a sentirnos atacados, antes de pararnos a pensar qué nos ha llevado hasta ese punto o por qué hemos provocado ese sentimiento**. Hacer todo ese proceso es complicado, primero, porque implica aceptar una parte de nosotros mismos que no queremos ver y, segundo, porque nos da miedo que, al aceptar esta realidad, se vuelva parte de nosotros y entonces pasemos a ser eso tan horrible que nos han dicho que hemos hecho o que somos para siempre.

Cuando en realidad es todo más sencillo: cuando alguien nos señala un comportamiento de algo que «hemos hecho mal», únicamente está expresando su dolor y busca una manera de sanarlo, ya sea con una disculpa o con una charla en la que quizá se muestre otra realidad en la que no nos habíamos parado a pensar antes.

Y es que aceptarlo o analizarlo nos lleva a un cambio en nuestras actitudes. Pero negarlo, sentirnos atacados y reaccionar de manera violenta o evasiva, lo único que hace es perpetuar el problema y anular por completo el significado real de la palabra «comunicación».

Entonces, claro... Si nos cuesta a nosotros mismos aceptar nuestros errores en el día a día, hacerlo en una postura de poder ya es demasiado valiente. Tendemos a sobreexigir la excelencia a aquellos que viven expuestos y no queremos que nos rompan ese pedestal de perfección sobre el que los ponemos. Pero, si no vamos aceptando que todos la hemos cagado de vez en cuando, que hemos sido machistas, racistas, homófobos, tránsfobos, gordofóbicos y un largo etcétera, seguiremos perpetuando esos patrones, repitiendo los errores, generando dolor y complicando la comunicación. Y entonces el pedestal caerá por sí solo.

En resumen, ¡A HABLAR Y A COMUNICARSE TODO EL MUNDO COMO UNA BUENA PAREJA DE LESBIANAS, QUE ESAS SÍ QUE LO HABLAMOS TODO! ¡A VECES DEMASIADO! UFFF, FOLLAR Y HABLAR, FOLLAR Y HABLAR. Pero yo por qué me tiro tanto tiempo en los mundos heteros teniendo ese regalo de la vida ahí como buena bisexuala.

¡TODO MAL!

TODO MAL

Llego a casa con Ratón Mojao.

—¿Lo vemos? —me dice.

—No sé, es que cuando no pongo yo la cámara me cuesta un poco verme.

La voz de la vergüenza gorda hoy está más activa que nunca. Verte desde diferentes ángulos es algo muy distinto a echarte un selfi con el teléfono. Implica volver a aceptar tu cuerpo de nuevo; es una movida bastante loca.

—¿Qué tal? —le pregunto.

—Mejor no mires los comentarios.

Pero ya era tarde. No eran solo los comentarios; mensajes y más mensajes aparecían en mis DM de Instagram, en mis publicaciones en Twitter. Me llegaban wasaps de felicitación y, a la vez, amenazas de muerte e insultos por las redes sociales. Frases como «se ha jodido la carrera y solo acaba de empezar», «qué vergüenza de pava, no tiene talento», «esta no es cómica ni nada, solo vende trapos». Los repetían una y otra vez, ya no fans del programa, sino compañeros y compañeras que llevaban tiempo guardando la rabia de haberse sentido atacados por el movimiento. **Todos se unían a un *bullying* cibernético por un *like*, por**

un momento de fama en el que aplauden tus palabras. Puedes no estar de acuerdo con lo que he dicho, pero la reacción social fue desproporcionada. Estos mensajes de odio casi siempre incluían las palabras

PUTA GORDA, FEMINAZI.

Mi mayor miedo de la adolescencia se había cumplido: ahora ya no era Sara ni Penny, ahora sentía de verdad que la palabra «gorda» iría por delante en cualquier descripción de mi persona, abarcando todo y despojándome de cualquier otra descripción que implicase mérito o valor. Pero ya no tengo dieciséis años y sé callar a esa perra de un plumazo, y el miedo se convirtió en rabia y la rabia en empoderamiento. ¡NO ME IBA A CALLAR! Eso es lo que querían, pero no lo haría.

Siempre he pensado que, si llega a ser un hombre el que se lo dice y no yo, todo hubiese sido diferente. Le hubieran dado las gracias por señalarlo de nuevo «icono feminista» o habría existido un compadreo entre ellos. Pero lo había dicho yo, la puta gorda feminazi, por lo tanto una loca a la que apalear porque todo en ella nos molesta.

¡CÓMO SE LE OCURRE A LA GORDA DECIRLE NADA A NUESTRO PERFECTO DIOS!

—¿Cómo te sientes?

—Ahora siento tristeza, pero a la vez rabia. Si supiese que tienen razón en lo que dicen, me sentiría mal y agacharía la cabeza. Pero es que sé que no la tienen. Lo que he dicho es verdad y lo he dicho con las mejores maneras. Que por ser gorda no me tengo que callar, ser la graciosa y no dar problemas. Y por ser mujer no tengo que estar intentando quedar bien todo el rato. Me he expresado y punto. He hablado de una realidad que tiene que cambiar y por la que estoy luchando. Me abruma todo. Pero no voy a parar.

—¿Necesitas algo?

—Sí, abrázame.

EL DIARIO DE SARA FRANK

(Ja, ja, he puesto este título porque ahora voy a proceder a contaros todo lo que pasó en formato de diario y me gusta reírme de *mí* misma cuando me pongo en versión drama).

A la mañana siguiente

A partir de ese día todo fue muy rápido. Demasiado rápido, tanto que no me acuerdo de muchas personas con las que hablé, ni de caras, de muchas caras, ni de momentos.

Pero algo vamos a intentar rascar metiéndonos en mi mente a ver qué encontramos.

Sábado, 12 de enero de 2019

Hoy he hecho la primera Riot Comedy en Barcelona. Ha sido un éxito pese a que al final me he roto un poco en el escenario. Al bajarme en Sants se me ha acercado un yonqui y pensaba que me iba a robar. Pero solo era Cecilio G, que quería fuego.

Es mi segundo viaje con la Riot, me flipan los momentos que se quedan en el transporte para hablar entre nosotras.

Creo que llevábamos demasiado tiempo calladas, sin comunicarnos juntas. Sintiendo que cada uno de nuestros sufrimientos eran solo nuestros y que ninguna más había pasado por lo mismo, creyéndonos así personas rotas, que hacían todo mal, cuando lo único que pasaba es que no paramos de darnos contra un muro invisible al intentar vivir.

He ido hasta allí con una cómica, se llama Henar Álvarez. Me hace gracia porque fuimos al mismo colegio de curas y le daba clases de catequesis a Álvaro. Quería decirle de broma: **«¡Tía, lo hiciste fatal, se tomó tan en serio lo de que Jesús entrase en él que mira ahora, así lo tenemos, maricón y vicioso!».** Pero no se ha dado el momento.

Henar nos ha llevado a casa de su amiga Leticia Dolera. Leticia es una tía bastante guay, actriz, directora y feminista, de las que más guerra llevan dando estos últimos años. Ha abierto los ojos a muchas mujeres y las puertas en su profesión a otras tantas. Hace poco ha tenido una crisis de reputación por una movida de su serie. Se le ha echado todo el mundo encima: fachas, misóginos y algunas que se hacen llamar feministas unidas en un mismo escrache público. Me ha contado la historia completa. La creo y ha sido una cerdada lo que le han hecho. Pienso que tenía sus razones para hacer lo que hizo y está más que justificado. Y, pese a que no las hubiese tenido, el linchamiento social que ha vivido habla más de las ganas que tienen de callarnos a todas que de lo que dicen reivindicar.

Me ha enseñado tres capítulos de su nueva serie. Seguro que va a ser un éxito, es maravillosa.

LLEVÁBAMOS
DEMASIADO TIEMPO
CALLADAS.

Sentimientos: lo de Cecilio G me ha dado risa, sigo bastante aturdida por lo de *La resistencia*, pero me siento muy afortunada.

Lunes, 13 de enero de 2019

Siguen llegando mensajes de mierda a mis DM. Han pasado ya casi dos semanas. No sé, que se vayan a pelársela contra la pared hasta que la vuelvan de gotelé y me dejen en paz.

Hemos grabado el primer *Señoras fetén* desde lo de la movida y he hecho chistes usando mi depresión como parte del personaje, pienso que ha funcionado.

Sentimientos: sigo bastante en la mierda, creo que llevo disociada desde aquel día. Recuerdo que al día siguiente no podía ni encender el ordenador, mi cuerpo estaba totalmente paralizado y aún lo está un poco.

Miércoles, 16 de enero de 2019

El teléfono lleva días sin parar de sonar para hacerme entrevistas, estoy aturullada, pero a la vez las preguntas me ayudan a llegar a conclusiones muy chulas que refuerzan el proyecto y el movimiento. No sé decir que no a ninguna y me estoy empezando a agotar.

También me ha llamado un señor que dice que tiene una sala en Logroño que hace los sábados golfos, que si vamos… Bufff, a ver dónde nos vamos a meter.

Viernes, 25 de enero de 2019

Creo que las cosas van bastante guay con Ratón Mojao, le he ido a buscar a la salida de su curro como camarero en un restaurante del centro. Dormimos juntos casi siempre y eso me da paz, me despeja de los pensamientos de mierda antes de dormir y se transforman en risas, aunque me sigo asustando cuando me despierto por la mañana y lo veo, no es tan feo, solo que no estoy acostumbrada a dormir con gente.

Bueno, permitidme un inciso: sí era tan feo.

Miércoles, 7 de febrero de 2019

Hace unos días me llamaron de una productora de teatro muy importante. Hoy he quedado con uno de ellos y me ha llevado a un restaurante demasiado pijo para las pintas con las que yo iba. Tenía pensado pedir lo más barato de la carta por si me tocaba pagar. El «señor productor» se ha pedido un solomillo de 50 pavos el plato, lo más puto caro de la carta y ahí he caído: estas cosas de flipado solo las hace la gente cuando la comida la va a pagar la empresa. Así que he pensado que **«seguro que me van a invitar»** y me he pedido otro.

Una angustia cada vez que le metía un bocado a esa carne y me venía a la mente «y si no te invitan, Sara, que son 50 pavos más la bebida». Pero al final sí me han invitado. Minipunto para mi ojo de loca que no se equivoca.

Me proponen llevar toda la gira por España, y para eso quieren que firme un contrato de exclusividad con ellos de tres años, y que dirigirán todos los proyectos, incluidos los de Madrid. Le he aclarado que ahora mismo los shows de Madrid son mi base económica y no se los puedo ceder. Que si quieren hacemos unos bolos de prueba y si salen bien, pues firmamos los tres años. Pero que casarme así de primeras me parecía muy precipitado.

Al salir me he cruzado con un colega y se han saludado. «¡Sara, cuidado con esta gente!», me ha dicho.

No sé, creo que es una gran oportunidad. Vamos a darle un periodo de prueba por lo menos.

Viernes, 22 de febrero de 2019

Hemos ido a la sala del señor que me había llamado de Logroño. No es un señor, es un ser de luz en este planeta. Se llama Alejandro, es argentino y tiene la mirada así como soñadora. No ha parado de decirme lo ilusionado que está de que estemos aquí y nos ha tratado genial, hasta nos ha traído cena. El bolo ha sido increíble. La Sala Negra, que así se llama el sitio, es una pasada de chula y bonita.

Después del show hemos ido a tomar unos vinos y he hecho una Sarada porque llevaba dos vinitos de más:

—Oye, Alejandro, tu sala es preciosa. Pero tengo que decirte que lo mejor son los camareros porque están buenísimos.

Alejandro se ha empezado a mear de la risa y me ha dicho:

—Son mis hijos.

Me he puesto roja, me quería morir.

—Tranquila, son mis hijos. Yo también sé que son guapísimos.

Es un tipo genial, seguro que volveremos.

Inciso: y así fue, siempre volvemos a la Sala Negra. <3

Viernes, 8 de marzo de 2019

He ido al 8M. Casi no llego porque veníamos de Valencia. Pero menudo show. He regresado aturdida a casa y cuando ha entrado Ratón Mojao por la puerta lo he abrazado y me he echado a llorar: **«¡Han roto el 8M!»,** le decía como una cría chica.

Creo que el de 2018 fue demasiado emotivo, ojalá alguno se vuelva a sentir igual.

Pero este no me ha gustado nada, demasiados hombres alzando la voz por los megáfonos mientras tenían a tropecientas compañeras al lado. Es nuestro día, dejad que nos unamos. ¡Joder con el protagonismo! Pancartas con mensajes que pegan más en una taza de Mister Wonderful que en una reivindicación real. Tíos metiéndose borrachos por medio y agarrando las pancartas. No sé, no sé, todo horrible. Lo he vivido horrible.

A lo que Ratón Mojao me ha contestado:

—¿Y si me cuentas mejor qué tal en Valencia?

Y ahí se ha abierto el melón.

Valenciaaa... Ayer tuvimos el primer bolo con la productora, querían hacerlo el 8M y me negué en rotundo, así que nos pasaron al 7, menos mal. A veces siento que de verdad no entienden nada y solo nos ven como un negocio, una caja de bombones que regalar por el día de la mujer. El bolo ha ido bien, pero en general la experiencia ha sido un show. O sea, nosotras increíbles, el público maravilloso, pero... Creo que esta productora me va a liar. Me explico, he flipado fuerte. La mujer que nos hace de *road manager*... Bufff, por dónde empiezo.

Nos montamos en el taxi y esta persona se ha puesto a hablar fatal al taxista, como si fuese Carmen Lomana. Le ha faltado bajar y escupir diciendo «pufff, pobres».

Cuando llegamos, descubro que no había técnico. Así que le tengo que explicar el show a uno de la sala que es muy majo. ¡Pero cómo no me avisan de que no hay técnico! Primer ataque solucionado.

Luego esta mujer empieza a hablar conmigo sacándome información personal de mi familia, me ha parecido muy intrusiva.

Después hacemos el show, y cada vez que me bajaba del escenario me agarraba del brazo y me metía la chapa, y va y me dice en mitad del show:

—Muy bien, me gusta mucho lo que haces porque eres gorda y lo dices, se lo voy a recomendar a otra amiga gorda que tengo.

¡PUAJAJAJA, ES QUE AHORA ME RÍO!

Pero al momento me pillé un rebote.

Y, para rematar, cuando estamos recogiendo, se me ha acercado y me ha dicho:

—Tú mucho feminismo y mucha lucha, pero recuerda que si estás hoy aquí es gracias a un hombre [el del solomillo caro].

¡SEÑORA, UBICAÍNA!

Pero no suficiente con eso se ha dedicado a poner a parir a las cómicas de antes diciéndome que les importaba más verse guapas que actuar y que por eso no triunfaron.

¡SEÑORA, MÁS UBICAÍNA PARA USTED, QUE URGE! Porque no me apetece soltar un *speech* ahora sobre la presión que viven los cuerpos feminizados y los cánones estéticos que se nos exigen para «poder tener una oportunidad o ser visibles en la industria del entretenimiento».

Y lo peor de todo es la pasta.

Los hoteles, la cena, todo muy guay, pero todo eso se descuenta de lo que ganamos y tampoco se gana tanto pese a que hayamos hecho *sold out*. Si quitas el porcentaje del teatro y el de la productora… Yo no sé eso en cuánto va a quedar.

Cuando se lo he contado a Ratón Mojao, ha contestado:

—Pues igual es eso lo que te pasaba.

Igual es eso…

Ratón Mojao siempre me da paz, menos hace unos días que nos fuimos de viaje a Salamanca y toda pedo le dije:

—Oye, creo que me gustas.

A lo que contestó:

—¡No, hombre, no, qué es esto, *Rebelde way*!

—Joder, pues si te llego a decir «te quiero» —le contesté.

Me ofendí un poco, pero me calmó diciéndome que simplemente queríamos a ritmos diferentes. Le creí y nos echamos unas buenas risas recordando la noche anterior, en la que nos echaron de un garito por intentar follar en los baños. La conversación fue algo así:

—Es que te apuraste mucho, no pasa nada, no es nada grave.

—No es nada grave para ti, que te da igual todo, pero yo empecé a pasar una angustia que solo quería abrir la puerta y chillar: ¡SOLO NOS ESTÁBAMOS METIENDO COCAÍNA, VALE!

—Jajajaja. ¿Prefieres que piensen que estás drogándote antes que follando? Es que es heavy, jajajaja.

Nos dimos cuenta de que esa frase era muy buen remate para un chiste, así que lo haríamos los dos, sería el chiste que tendríamos en común. Me parece bonito.

Domingo, 9 de marzo de 2019

Me he cruzado con varios cómicos, uno me ha saludado y me ha dicho entre risas: «¿Qué tal la Riot?». Que se ha enterado, que muy bien, pero que mi público son solo mujeres y maricones y que, claro, eso no es público.

También ha comentado que si se puede subir a la Riot con una peluca para que le deje actuar. Y ya van tropecientos cómicos que me hacen el mismo chiste que nunca entra.

Martes, 11 de marzo de 2019

No puedo más, sencillamente no puedo más, llevo un mes y poco intentando continuar con todo el curro mientras mi ansiedad vive totalmente descontrolada. Los mensajes insultándome continúan llegando. Ya son menos, pero ahí están cada día para recordarme que me tengo que sentir como una mierda porque soy malísima según ellos. Esto, sumado a los nervios de las actuaciones, vivir mirando cada día la venta de entradas si va bien o no, si me va a dar para pagarlas y para pagar a Hacienda... Hacienda, no entiendo Hacienda, no puedo más.

Pero, para remate de la noche, a la mañana Ratón Mojao se puso raro y hoy treinta minutos antes de salir a actuar me ha mandado un mensaje:

Lo siento, pero no te quiero.

A partir de ahí solo recuerdo llegar al teatro sin apenas poder hablar con nadie, he avisado a producción. **«Hola, estoy mal, puede que me veáis rara detrás de cámara pero delante voy a estar bien, lo prometo».** Antes de salir solo sabía estar apoyada contra una pared con los ojos cerrados, como un mueble de atrezo más entre bastidores. Ha sonado mi nombre, he salido con una sonrisa, pero me he disociado. He disociado muy fuerte, tan fuerte que pese a que yo seguía hablando en el escenario no sé ni lo que he dicho, solo me veía desde fuera como si estuviese sentada entre el público. Ha sido rarísimo. No sé, creo que lo he hecho bien. **Pero estoy destrozada.**

16 de abril de 2019

He visto un anuncio en Twitter de un festival de comedia, tenían en cartel a veintiún hombres y solo una mujer. ¿De verdad miran eso y no les da vergüenza? Con la cantidad de cómicas que están saliendo a la luz, cómicas que había y que son nuevas, ¡SOLO UNA!, ¡UNA CÓMICA! No me he cortado un pelo y lo he puesto en Twitter. También lo ha difundido una compañera.

A mi compañera le ha escrito la productora diciendo que se van a asegurar de que no vuelva a tener trabajo en la vida.

Conmigo se lo han pasado mejor aún: un tío bien pasivo agresivo me ha empezado a decir de todo por un mensaje privado. Después, me ha llamado otro tío diciendo que entendía lo que reivindicaba y que lo iban a solucionar, pero, vamos, que me han cruzado pero bien, porque el otro *man*... Menudo violento, un circo.

Inciso: a los meses sacaron un show solo de mujeres y lo hicieron girar como algo superfeminista con lo que se llenan los bolsillos. Así funciona el capitalismo, amigas. Y yo, por supuesto, vetada de los festivales en los que tienen mano y de las salas que manejan. Pero, bueno, como diría Jorge Salvaje, ¡ASÍ ES LA PUTA VIDA!

(Lalalalalá, y con esto van dos productoras y tropecientos programas en los que estoy vetada por defender el espacio de las mujeres en la comedia) y posicionarme en contra de ciertos actos de señores.

Así que, amiguitas, cuando me veis en festivales y me preguntáis por qué no estoy en cartel, recordad que no es por falta de talento o de *followers*, es porque detrás seguramente hay unos cuantos estigmáticos cabreados porque no les he lamido los cojones.

15 de mayo de 2019

Voy a dejar la productora, no puedo más. Me hacen el curro más difícil y, no solo eso, «la señora» me ha faltado el respeto de una forma que no voy a consentir. Pues no me manda unos hoteles para elegir donde quedarnos con unos precios loquísimos, 445 euros por noche. ¡Pero que no ganamos tanto! Y le he dicho que «busca mejor otros». Y me dice es que son los que les cogemos a «inserte aquí nombre de cómico famosisisímo». ¡Dios mío, pues píllame ese cuando ganemos lo mismo que este señor! Que al final nos va a salir a pagar el currar.

Total, que se pone a buscar hoteles, me los envía, le digo que «este» y me manda un audio que está reenviando a más gente porque era un audio suyo reenviado que decía: «¡Que vaya andando, que así adelgaza!». Pero qué obsesión tiene esta señora con mi peso. Es que ve que soy gorda, hablo y me subo a un escenario y como el que ve aliens. Creo que actualmente el hecho de que una gorda esté viviendo su vida normal delante de su cara está siendo uno de los acontecimientos más traumáticos de su vida. Soy su Vietnam.

Bueno, por no hablar de cuando llego de nuevo a otro teatro a actuar con dos días de *sold out* y entro a la sala con cinco lexatines en el cuerpo. No sé si puedo tomar tantos, igual me quedo en el sitio. Bueno, ¡más show! Y otra vez no hay técnico, que la gente de la productora le ha dicho que no hace falta porque nos rotamos entre nosotras para lanzar cosas. ¿QUÉ? PERO CÓMO VOY A ESTAR EN EL ESCENARIO Y SUBIR A LANZAR COSAS Y CONTROLAR LUCES, ¡QUÉÉÉ! Y quedan veinte minutos para la actuación, una cómica está llorando por no sé qué movida con su novio, y ahora esto...

El chaval me vio la cara descompuesta, entré en puro shock. «Tranquila, no tengo por qué hacerlo, pero me voy a quedar yo».

¡GRACIAS! ¡DE VERDAD, GRACIAS! Gracias, pero el ataquito ya lo llevo encima.

Pero a esto hay que sumarle el circo del proyector, no me llaman tres días antes y me dicen que no hay proyector y que hay que alquilar uno de 1.500 euros. ¡PERO QUE NO GANAMOS TANTO, QUE NO SALEN LAS CUENTAS, QUE NOS VA A SALIR A PAGAR! ¡ME PONGO A HACER YO SOMBRAS CHINAS SI HACE FALTA ANTES QUE PAGAR 1.500 EUROS!

Y como estos problemas, tropecientos más. Tantos que en una de estas me ha dado un ataque de ansiedad y he notado cómo se me paraliza media cara. He corrido a la farmacia para que me diesen algo. Y me han dado ¡HOMEOPATÍA! ¡HOMEOPATÍA! Señora farmacéutica, ¿está usted intentando parar semejante ataque de ansiedad que roza el ictus con caramelos? ¿Quiere usted matarme? ¿Le manda la *señora productora odia gordas que hablan* para terminar con mi existencia?

4 de junio de 2019

He dejado la productora y encima me dicen que la culpa es mía por no darles Madrid. Yo de verdad que con esta broma no puedo, me río ya porque me da risa. Me han mandado por fin lo que hemos ganado y casi todos los bolos salen a 300 euros cada uno. Incluido uno en el que el bruto de beneficios por dos días son 3.700, pues 300 euros de beneficio. Tengo que pagar a las chicas, les había prometido 100 a cada una. No hay casi para repartir. Tengo que coger de mis ahorros para pagarles. No sé si tendré algo para este verano. Esto es una mierda, he trabajado prácticamente gratis todos estos meses. Menos mal que no solté Madrid y tengo *Señoras fetén*, que si no es por esto me arruinan.

26 de junio de 2019

Mensaje de Taquito de Vieira. Este *man* no se cansa... de aparecer y desaparecer.

3 de julio de 2019

Ratoncito Mojao pasa inmediatamente a llamarse Rata Chepuda Trepona. Me ha dejado. Bueno, es que ni siquiera me ha dejado, sino que se ha tirado tres días haciendo la ley del hielo y me ha insinuado cuando le llamaba por teléfono que igual debería dejarle. Todo esto justo cuando ha conseguido un curro de puta madre, gracias a mí. Valiente capullo. Menudo circo hemos tenido, pero mejor así.

Me he puesto una meditación guiada para olvidar a tu ex según se ha marchado de casa. PD: no ha funcionado.

Esta ruptura marcaría todo, podría haber sido una ruptura de desamor normal, pero el tiempo me enseñó la auténtica cara de la moneda. Él nunca me quiso, quería lo que yo tenía. Los focos, el show, las entrevistas... Tanto es así que años más tarde creará una «productora» a la cual le pondría de nombre el mote con el que solía llamarme a causa de mi trabajo y, dentro de esta, un show solo de mujeres con un logo demasiado similar al de Riot Comedy y unos cuantos toques más que hicieron que mirase y flipase fuerte. Pero aún más fuerte fliparía con las habladurías que me llegaron por parte de la que «dirige» ese espacio: «Nosotras le vamos a comer la tostada a Riot Comedy porque Penny cae mal a los cómicos y yo no».

¡RAPIDO, EDICIÓN! PONGAMOS *STICKERS* AQUÍ DE CARA INCRÉDULA.

¡HERMANAS, NO ENTENDIERON NADA DE NADA! **La movida iba de entrar en la industria y crear la nuestra propia o repartirnos entre nosotras el pastel, no de robarnos las migajas entre nosotras.**

Pero muchas no entendieron nada, ya sé yo que no entendieron nada.

Sentimientos: llevo muchos meses mal, esto solo ha sido otro golpe. Descanso unos días y retomo el trabajo. Tengo que seguir.

6 de julio de 2019

Hoy hemos actuado en un festival de música, el Presunto estaba en cartel. Siento un poco que nos han metido como para blanquear, en plan «a ver, metemos a este que tiene la famita regu, pero mirad: FEMINISTAS». ¿Y qué hago? ¿No pillo los curros? Ha salido genial y ha venido mucha gente a vernos. Si al año que viene no nos llaman y a él sí, entonces está claro que lo único que querían era usarnos.

En este viaje nos hemos quedado en casa de Asaari. Ha sido estupendo conocer a su familia. También hemos tenido buenas charlas y he podido conocer más de ella y de Roxi.

14 de julio de 2019

He logrado cerrar el palacio de la Prensa, que está en la ¡PUTA GRAN VÍA! La Riot Comedy va a estar ahí todo el año. ¡SALIMOS EN LOS CARTELES DE CALLAO!

El bolo ha sido increíble.

También he logrado cerrar salas en Valencia y Barcelona. ¡LO HE HECHO TODO YO SOLITA!

27 de julio de 2019

He vuelto a ver a Taquito de Vieira. Joder, ¡pero por qué vuelvo a caer!

20 de septiembre de 2019

Hace unos meses conocí a un tipo, que lo llamaremos «el Poto» porque cuando llegué a la fiesta estaba tirado totalmente fumado en la esquina de un sofá y aun así mi cabeza al verlo hizo «MMM, UN SEÑOR POTO: ME GUSTA».

Llevamos mucho tiempo hablando casi todos los días, me flipa su mente, su forma de pensar, las discusiones que tenemos, es terriblemente divertido. Pero no ha pasado nada entre nosotros y no sé si va a pasar.

16 de octubre de 2019

Hoy hemos actuado en Ferrol, en Fóra do Mapa, así se llamaba el evento. Ha sido increíble, la actuación se hacía dentro de una iglesia. Les he dicho que me parecía muy mal que, teniendo en cuenta que ahí había nacido Franco, no tuviesen *merchan* del caudillo en plan divertido por las calles, pues, yo qué sé, mínimo unos *funko pops* o algo. Están perdiendo dinero que sacarles a los fachas.

La organizadora es una tía increíble, Cristina juraría que se llama. Nos ha llevado a tomar una sopa en un restaurante del pueblo, y casi lloro cuando se ha terminado. ¡QUÉ RICA, LA VIRGEN!

Lo malo es que me he torcido el tobillo, lo tengo como un botijo, pero no puedo parar porque soy autónoma y sería un marrón. Las chicas dicen que no paro de currar. Yo les digo que es que si no las cosas no salen. Y nada, con mi tobillo hinchado vamos a la próxima aventura. ¡AL FINAL ME MATO, SÚPER!

Sentimientos: estoy agotada, pero quiero seguir.

15 de noviembre de 2019

Siento mucha ansiedad, y me invaden los pensamientos suicidas. He buscado formas de suicidio indoloro en Google, como de costumbre. Me ha saltado el Teléfono de la Esperanza. ¡COMO SIEMPRE! Esta vez he llamado, me ha atendido una señora andaluza muy maja.

Nunca pensé que llamaría al Teléfono de la Esperanza, pero, bueno, aquí estamos, siendo un día más la versión barata de Bridget Jones.

23 de diciembre de 2019

Se ha muerto mi abuelo Eduardo. Hace pocos días fuimos a verlo al hospital y yo le hacía bromas sobre la suerte que tenía de que lo drogasen. Mi madre me miró con lágrimas en los ojos pidiendo que parase con los chascarrillos, que si se enteraba de que era morfina iba a saber que se estaba muriendo y no se lo querían decir. Todo ha sido muy rápido.

El funeral y el entierro han sido hoy. En el mismo sitio donde hace dos años estábamos en el funeral de mi otro abuelo. Entonces él estaba sentado en el sofá y yo me acerqué a preguntarle qué hacía.

—Pues aquí, viendo la revista de la funeraria.

—¿Y qué ves?

—Las coronas, que son carísimas. A mí, cuando me muera, no me pongáis corona, que son un timo.

Se me ha caído el alma a los pies cuando mi abuela me ha cogido del brazo al entrar y me ha dicho: «Ven a ver al abuelo, que lo han puesto muy guapo». Y ahí, tras el cristal, como en un escaparate del Zara, al lado del ataúd estaba la puta corona de flores.

Y me he reído por lo irónico, pero he llorado también.

Mi abuela me ha pedido que la acompañara a darle un beso por última vez. Nos han metido por los pasillos de detrás del escaparate ese donde los ponen, las bambalinas de la muerte. Donde ellos ven una despedida, yo veo el tren del terror del capitalismo de los horrores. Le ha abrazado, le ha dado un beso y me ha dicho:

—Está frío, pero está guapo, está muy guapo.

Sé que esa imagen no se me va a quitar nunca de la cabeza. Ella llorando y la gente de la funeraria presionando para que nos fuésemos y continuar con su trabajo. «Esta sociedad carece de humanidad hasta para despedirse de la vida», he pensado.

Tras el entierro hemos ido a comer a su restaurante favorito. Ahí me han comunicado la decisión de la familia al unísono.

—Sara, tú hoy duermes en casa de la abuela.

No me importa, pensaba hacerlo. Pero me llama la atención que, como soy la única soltera de la familia, a veces se da por hecho que me tengo que encargar de ciertas cosas porque el resto ya tienen su vida «construida». Ni que fuese esto *La casa de Bernarda Alba*. Me suda el coño. Claro que quiero irme con mi abuela, es más, deberíamos ir todos o casi todos, deberíamos acompañarla varios días. Pero en mi familia eso de las muestras de afecto no lo gestionan muy bien.

He ido a casa de mi abuela, se ha sentado por primera vez en el sitio que era de mi abuelo. Yo en el suyo. Se ha quedado en silencio, me ha mirado a los ojos y me ha dicho:

—Bueno, pues supongo que ahora me toca vivir a mí.

De todos los momentos tristes que he pasado a lo largo del día, creo que este ha sido el peor. La miro y veo que no hay ironía en sus palabras.

Pienso en todas las mujeres que dieron por hecho que sus vidas terminaban en el momento en que se la entregan a otra persona por completo. ¿Cómo tiene que ser ese sentimiento de pasar de dirigir tu propia vida a ser la sirviente de una persona, de una familia? Y que toda tu vida, tus anhelos y deseos pasen a ser ahora los de cumplir aquellos de las otras personas. Todo esto motivado por una presión social que hacía que, si te salías del plan marcado, pasaras a ser una repudiada social. «Pobrecita, es divorciada, mírala: tan mayor y sigue soltera».

Cómo no iban a vivir esas mujeres con ese miedo si hasta hace pocos años podían ser denunciadas e ir a la cárcel por «abandono del hogar» si decidían retomar sus vidas.

Las cosas han cambiado, aunque podríamos decir que continúan existiendo trazas. Y, como buena celiaca, soy consciente del peligro de las trazas. Eso que parece que no está, pero que igualmente te envenena.

Al marcharme, mi abuela me ha dado un abrigo y una gabardina de mi abuelo.

—Te quedan bien, quédatelas. Seguro que le gustaría que las llevases. Te quería mucho, siempre hablada de su Sara y llevaba tu foto en la cartera.

Mi abuelo se tiró toda mi infancia enseñándome Madrid, desde sus museos a los bares más roñosos. Amaba su ciudad, era gato gato. Quizá de ahí nació mi obsesión por esta ciudad.

Abrazo a mi abuela. Sé que, pese a la frase que me ha soltado, ahora se siente perdida. Le va a echar mucho de menos.

27 de diciembre de 2019

Han pasado muy pocos días desde lo de mi abuelo y no he podido parar ni uno solo para estar en casa. Tenía demasiados compromisos de trabajo que no podía cancelar. He acudido a todos ellos como he podido, pero necesito llorar. **Solo sé que necesito llorar.**

Hoy ha habido Riot Comedy. Al subirme al escenario, todo el dolor ha desaparecido. En el momento que he ido a hacer el chiste de «me imagino a ese señor diciendo: "Los chinos, nos comen los chinos"», se me ha venido mi abuelo a la mente porque, como buen abuelo, un poco de derechas, siempre decía esa frase. Me he quedado paralizada, no podía seguir y entonces se lo he explicado al público y con ello me ha nacido contarles un par de momentos del entierro hechos chistes. Han entrado, **me he sentido aliviada, como si él estuviese entre el público y me los hubiese susurrado haciendo de apuntador de teatro, porque siempre le gustó la farándula**.

Creo que haré un bloque entero sobre su entierro.

Inciso: estoy escribiendo estos capítulos en el patio de Abi, mañana tengo que entregar a la editorial. Estoy agobiadísima. Pero me hace gracia, otro viaje que empieza partiendo del mismo rincón de Entrevías y con Abi dando paz.

18 de enero de 2020

Hoy hemos actuado en Logroño, el show de 10. Alejandro, mi señor que dejó de ser señoro y pasó a ser un ser de luz, un regalo como siempre, pero las compañeras...

Estoy agotada agotada agotada agotada, ¿he dicho ya que estoy agotada? Estoy agotada. Cansada de los correveidiles, de las faltas de respeto, de los cuchicheos. Ahora hay una nueva moda en la comedía, un show que consiste en insultarse los unos a los otros, y el que consideren que mejor insulta, gana. Nunca he ido, no tengo intención de ir. El «Club de los Escrotos Llorones», lo llamo, aunque creo que tiene otro nombre, pero así está mejor.

Hace un par de días que ha sido ese gran evento, que es un espacio en el que están, como diría Aramís, los subnormales abandonados.

No es broma, es un sitio al que principalmente acude de público gente de la industria y cuatro fans locos. Por eso, lo que se dice sobre el escenario acaba repercutiendo laboralmente.

Íbamos en el coche camino a Logroño cuando una de ellas ha empezado a hablar:

—El otro día [introducir cómico *random* que no le importa a nadie] te puso a parir delante de mí.

—¿Y qué hiciste?

—Nada, callarme. A ver, no te voy a defender. YA BASTANTES PUERTAS NOS CIERRA EL SER TUS AMIGAS.

No he sabido qué contestar, solo he dicho:

—Ah, muy bien.

Y he dejado que me coma la rabia.

Esa frase, esa puta frase, es la confirmación de lo que llevo meses pensando, reflexionando y que me está haciendo perder la ilusión por el proyecto. Cuando personas «influyentes» comienzan a repetir unas ideas, al final estas ideas acaban calando. Una de las tácticas que hicieron los reyes de la misoginia con la Riot ya la he contado en capítulos anteriores, pero era esa: venderla como un trampolín, como un espacio de paso que usar solo para conseguir foco, borrando así por completo los valores de unión del proyecto. Teníamos la atención del público y eso jodía vivos a aquellos que siempre fueron el centro, y, al ver que no la podían conseguir, pues chupaban de la nuestra y así han seguido haciendo y seguirán, sinceramente.

Pero, claro, esa idea, esa gran idea, a nivel personal a mí me hacía mucho daño. Motivar a la gente a que te usen laboralmente es de ser unos… Me estoy calentando.

Pero la cosa no terminó ahí. Ahora hablaba otra de las «cómicas»:

—Pues estuve actuando en el Club de los Escrotos Llorones. Estaban en el escenario el Presunto y Taquito de Vieira, y también hablaron de ti.

«Ah, ¡qué bien!», pensé. Así me gusta, siempre en sus mentes. Cero sorpresas.

—Sí, el presentador comenzó haciendo chistes en plan que no habías inventado nada, no sé qué…

«Bueno, ya estamos».

—El Presunto dijo algo también que no recuerdo. Y Taquito de Vieira.

Ahí me ha dado un vuelco el estómago. Muy poca gente sabe de esa «no relación de mierda» que tenemos. Y, pese a nuestras diferencias, las indirectas por Twitter por su parte, por la mía y por las de sus amigas, a las cuales he denominado «las Gárgolas». Vamos a parar un segundo a explicar qué son «las Gárgolas»: son unas mujeres ansiosas por la aceptación y la palmadita de los *mans* que están siempre ahí al acecho, a ver qué reivindicación pongo para hacer un chistecito llevándome la contraria o riéndose de mí. Todo esto en silencio para que no sea un canteo sin mencionar. Como una especie de guerra ridícula en la sombra. Me tienen hasta el coño. Pero hasta el mismísimo coño.

Una de las Gárgolas, no contenta solo con poner sus pasivo-agresividades en internet, también me había copiado un par de chistes de Twitter tal cual, y no solo eso, sino que se había cascado un bloque entero como uno de los míos, pero cambiándole los remates. «Bueno, es un tema recurrente», pensé, pero la obsesioncita ya huele.

Inciso: los años me han dado la razón y ha ido copiando a mucha más gente. Pero, chica, cada uno con su vida. En ese momento, en ese barullo emocional, no supe cómo reaccionar, se lo contaba a la gente, reaccionaba de repente a algo que sabía que era una indirecta y me empezaron a tomar por loca. Ahora he aprendido que los locos son ellos, y lo importante de la gente que está mal de la chola es no prestarles mucha atención, porque te acabarán metiendo en su locura. Pero en ese momento no tenía las herramientas que tengo ahora para mandarlo todo a mandar por culo y seguir con mi vida.

Total, que, pese a todo esto, existía como una especie de pacto no escrito en el que públicamente ninguno mencionamos el nombre del otro si teníamos un micro delante.

—BUENO, ¡QUE TAQUITO DE VIEIRA HA DICHO QUÉ!

—Nos ha cogido a dos cómicas en el escenario y nos ha dicho: «Vosotras estáis en la Riot, ¿no? ¿Y no estáis cansadas de ir a sitios donde no os pagan porque como Penny Jay se lo gasta todo en Phoskitos?».

He inspirado, he espirado, he inspirado, he espirado, he inspirado, he espirado.

«¡Lo voy a matar!».

—¡Claro que os pago! De hecho, os pago desde el principio y hasta hay veces que he tenido que coger pasta de mis ahorros y os pago, y hago la publicidad y el producto, busco salas y hago todo para que tengamos un espacio. ¡Joder, pero esto afecta mil a mi reputación! ¡Decid algo!

La señorita que acaba de soltar esta bomba me mira.

—A ver, Penny, no te enfades. Me encantaría que hablasen de mí aunque fuese mal.

La peña está enferma con la fama. He pensado y no lo retiro: «¡Lo mato!».

24 de enero de 2020

He vuelto a ver a Taquito de Vieira. He ido como un miura a por él. Y he explotado en una larga conversación que se viene a resumir en esto.

—Estoy hasta el coño, pero hasta el coño ya. ¿Qué quieres? Apareces, desapareces, escribes putos tuits que sé que son indirectas.

—No lo son, ninguno habla de ti.

—¿Ah, no? Y este que escribiste en [insertar fecha]. «Mi novia disléxica…». Justo un día después de estar yo en tu casa. ¿A cuántas disléxicas viste en esas tres horas que tardaste en escribirlo desde que me fui de tu casa? Y este y este... Y los de tus amigas. Estoy hasta el coño.

—Estás loca.

—No estoy loca, tú me estás volviendo loca. Y luego está lo del otro día. Tío, de qué vas, por qué tienes que echar más leña y encima con el dinero.

—Es que me han dicho que no pagas.

—Pero ¿quién cojones está diciendo esto? Claro que pago, y pago ganando una mierda.

—¿Cuánto ganas?

—Y a ti qué te importa. Pero, bueno, ¿quieres que te lo desglose?

Se lo desgloso.

—Pues sí que te llevas una mierda.

—Entonces para qué mierdas sigues alimentando el bulo.

—Lo siento.

—Sé que no lo sientes.

—Sí, lo siento de verdad.

En ese momento he sido consiente de que un «lo siento» a escondidas no sirve de nada. Los daños se solucionan de verdad pidiendo disculpas por el mismo sitio y por el mismo altavoz por donde lo has hecho, si no solo es un «lo siento» para la nada.

—Y lo de meterte con mi físico. Cómo te atreves a unirte al *bodyshaming*, ¿no te da vergüenza? ¡Tú que llevas años haciéndote fotos con mis pajas! ¡DIGO PAJAS CON MIS FOTOS, JODER! ¡MIERDA! ¡MALDITA DISLEXIA!

—Jajajaja lo siento, de verdad.

—No lo sientes.

—¿Follamos?

—A ver, ya que estamos.

Otra vez he vuelto a caer, soy imbécil.

Yo tu Joker, tú mi groupie, tú C. Tangana en el «Madrileño», yo Rosalía en «Motomami».

4 de febrero de 2020

Bufff, he hecho tantos bolos, he vivido tantas cosas con mis compañeras, algunas no tan buenas, otras divertidísimas. Estoy orgullosísima de cada mujer que se ha subido al escenario, en especial de una de ochenta años al que le escribió el texto su hija. Dios mío, fue tan emotivo ese día, ver a una mujer tan mayor que lleva poco tiempo haciendo teatro brillar tanto. Y luego está la Pepi, Dios mío, esa señora sí que es una fiera. Estoy flipando con la Riot, me llena de orgullo poder escucharlas y que cada una tenga su movida, su estilo; tengo que llevar esto a más. Hay dos personas que quieren colaborar conmigo en producción a cambio de un porcentaje. Vamos a apostar por ello.

6 de febrero de 2020

Pese al orgullo que me produce el proyecto y las ganas de sacarlo adelante, siento que necesito un cambio de aires. He vivido demasiadas cosas en Madrid a lo largo de mi vida, cada rincón es como si guardase un recuerdo. Además, estos últimos meses viajando a Barcelona me han permitido conocer a gente muy guay y subirme a *opens*, cosa que en Madrid no me atrevo a hacer.

El ambiente laboral de Madrid me incomoda, hay demasiada gente que considera que increpar es algo divertido y de lo que sentirse orgulloso. Hace unos meses un tío me gritó desde el escenario, yo solo estaba entre el público, y se puso muy violento porque no me estaba riendo de sus chistes.

Por no hablar que el día en el que coincidió el show de los Escrotos Llorones con una Riot Comedy. Al entrar me encontré con el presentador:

—Tú mucho me sonríes, muy majo, pero bien que me pones a parir en el escenario.

—Bueno, son chistes solo. Haz chistes tú también sobre mí.

—Y a mi público qué le importas tú —me salió contestarle.

Para remate de ese día, el Presunto se coló en la Riot sin pagar entrada, y se metió en una esquina donde no lo veía nadie, supongo que pretendía intimidarme. En plan «a ver qué dices de mí».

Pues, chico... Me volví loca, la verdad, e hice el show. ¿Qué iba a hacer?

Al salir toda la escena de la comedia, estaba en la puerta. Cuando aparecí se hizo un silencio, un puto silencio, como en las películas. Y empezaron los cuchicheos. Putos *bullyings*, no soporto un segundo más aquí.

Además, en Barcelona ya me he subido un par de veces en El Medi y siempre me ha ido bien. Hay un cómico, Óscar

Sáez, que es bien majo y presenta guay. Me hizo sentir tan cómoda que, cuando estrené el texto del entierro de mi abuelo, brillé, brillé tanto que la sala se levantó a aplaudirme. ¡Joder, qué día más guay! Creo que tengo que mudarme a Barcelona para poder seguir haciendo crecer mi *stand up*.

15 de marzo de 2020

He cogido mi maleta de sueños y me he venido a una habitación en Barcelona. Llevo varios días con coronavirus. Hay una puta pandemia mundial.

20 de abril de 2020

Llevamos varias semanas de pandemia. Al principio sentí el caos, pero he conseguido la ayuda del Gobierno y creo que puedo sobrevivir con eso hasta que termine todo. Resulta extraño, es como que todas las emociones de estos años, en especial las malas, me abruman y le doy vueltas una y otra vez, una y otra vez. La pandemia es como *Gran Hermano*, en casa todos los sentimientos se magnifican. A veces siento que jamás voy a volver a hacer la Riot, recuerdo el último show en Alicante con Marina, Goize y Eli. Joder, qué bien nos lo pasamos, me da miedo no volver a vivir momentos así con ellas.

El otro día vino una amiga de mi compañera de piso, nos fumamos un porro como un zepelín y empecé a rajar de cosas que me habían pasado estos años. Cuando terminé, me dijo la pava: «He grabado todo lo que has contado porque soy periodista, pero, tranquila, que solo lo voy a usar para un proyecto personal mío».

¡PERO LA PEÑA! EN MI PROPIA CASA, FUMADA. PUTA GENTE, DE VERDAD, PUTA GENTE.

18 de mayo de 2020

La pandemia ha tenido sus altibajos, pero me lo he pasado bastante bien, mi compañera es tela de divertida. Tengo que buscar otro sitio para irme en junio porque la habitación solo la tengo alquilada tres meses y entra alguien nuevo. Putadón, estaba bastante cómoda, pero hay que seguir.

8 de junio de 2020

Me he mudado a una casa que me dejaba una amiga, pero calculo que con la ayuda y los bolos que tengo cerrados para julio podré sobrevivir. Joder, llevo meses enganchadísima al Poto, tengo que declararme ya o esto de seguir siendo la amiga me va a matar.

9 de junio de 2020

Me he enterado de que no me van a llamar para actuar en el festival del año pasado, y me vendría tan bien la pasta... Ah, pero el Presunto sí actúa, *baia*. Y, bufff, esta sí que me ha dolido, muchas de las mujeres que han hablado en contra de la Riot también. ¡Qué casualidad, oye! ¡Qué alineación más buena de los astros!

21 de junio de 2020

La puta casa da a una carretera de cuatro carriles y tiembla la cama, el ruido no cesa, apenas he podido descansar.

Me come la ansiedad de no saber si voy a poder o no trabajar. Encima voy y me enamoro de alguien que no quiere nada conmigo. Me he declarado, claro, no me quedaba otra, era enfrentarme a alguno de los problemas o explotar.

Bueno, pues que no. Vale, perfecto, pero bien no estoy.

Esta sensación es una mierda, es como que «si hemos pasado los últimos meses prácticamente siendo uña y mierda, ¿qué falla?».

Se me levantan demasiados fantasmas. **«Es porque soy gorda, es porque tiene miedo de que le afecte laboralmente, es porque soy una persona horrible».**

Reconozco estos pensamientos, creo que no solo se deben al rechazo. He petado, simplemente he petado. La depresión ha vuelto.

17 de julio de 2020

He tenido que cancelar el primer bolo que se iba a hacer en Barcelona, el Estado me ha retirado la ayuda porque el año pasado me di de baja de autónomos este mes porque no iba a currar. Estoy arruinada, he llamado a mis padres y se niegan a ayudarme, dicen que si quiero algo que vuelva a casa, que es lo único que me pueden ofrecer.

No quiero volver, no puedo volver. Sería mucho peor si vuelvo. Simplemente tengo que seguir, pero no sé cómo

Estoy perdiendo la cabeza, menos mal que estos días ha venido mi amigo Jairo a visitarme a casa y, además, tengo a Anabel, que me está ayudando muchísimo. Mi gente de Madrid sigue conmigo, pero estoy en Barcelona y no es lo mismo hablar con ellos por teléfono que tenerlos aquí. Estoy perdiendo la cabeza. Los pensamientos suicidas son demasiado recurrentes.

24 de julio de 2020

He comenzado un podcast para desahogarme. Se llama «La Buena Turra».

10 de agosto de 2020

Este mes ha venido Álvaro a casa, al verme me ha dicho:

—¡Madre de Dios! ¡Creo que la que va a entrar a *rehab* ahora vas a ser tú!

Tiene razón, solo sé fumar porros, llorar en bucle y subir historias de recetas a Instagram fingiendo estar feliz.

Me ha ayudado con el alquiler de este mes, me ha salvado el culo, a ver si dejan abrir las salas para actuar y puedo empezar a trabajar. He hecho un bolo en Madrid y eso me ha salvado un poco.

La depresión se ha sentado a mi lado. Parece que esta vez es más grande que nunca.

28 de septiembre de 2020

He explotado, sencillamente he explotado.

La situación es la siguiente: tenía que hacer Petit Riot Comedy en Madrid y, como no tengo un duro, con ese dinero compraría los billetes de las cómicas para el siguiente bolo a los pocos días en Bilbao. Es que no podía comprarlos antes, no tengo la pasta.

Las entradas de Petit Riot Comedy estaban todas vendidas, pues bien, se ha hecho cierre perimetral por barrios en Madrid y he tenido que devolver la mitad en el último momento. ¡MENUDO PUTO CAOS! Pero cómo voy a trabajar y pagar los putos autónomos y un alquiler si cada vez que voy a trabajar en el último momento me hacen devolver la mitad de las entradas o cancelar. Si ya de por sí este curro es inestable, esto no hay quien lo soporte.

El lado bueno son Marina y Velasco, que me han dejado la casa de él para que pase unos días sola allí y pueda actuar. Amo esta casa, es increíble, tiene una energía, no sé, de como si las cosas fuesen a salir bien, de como si ya fuese mi casa. ¡Ojalá pueda tener una casa así!

Inciso: cosa bonita, ahora es mi casa.

Total, que, entre mil cosas, me ha tocado ponerme a devolver entradas, persona por persona, mail por mail.

Después, cuando a los días me ha llegado el dinero, he tenido que coger los billetes de Bilbao a última hora, y, como el tren está por las nubes, les he cogido un autobús. También he pillado un día más de estancia para que podamos actuar tranquilas; echaba de menos los viajes juntas y quería recuperarlos un poco.

Al llegar, una de las cómicas en mitad de una cena se ha puesto a quejarse, me he echado en cara que si tengo una persona en producción debería hacer las cosas mejor, que la Riot Comedy tiene mucho nombre y deberíamos trabajar bajo otras condiciones, que de qué vamos cogiendo un autobús de ocho horas a última hora.

HE PETADO, UUUHHHHHHHH,
QUE SÍ HE PETADO, UUUUUUHHHHHH,
HE EXPLOTADO CON TODO
CON TODO TODO TODO.

Y me duele porque era una persona a la que quería y sé que la he perdido, pero es que no puedo más.

Desde que comenzó la pandemia, como la Riot Comedy tiene menos bolos, muchas de las que se hacían llamar amigas han empezado a desaparecer, a llamarme menos y a juntarse con otra gente que claramente algo de mierda ha echado sobre mí y sobre el proyecto.

Eso me ha matado, me ha hecho sentirme sola y utilizada. También llevo mucho acumulado de estos meses, estoy cansada de ver a compañeras gritar a favor del feminismo y luego ceder los espacios que conseguimos a compañeros que, de no ser por el foco que hemos obtenido, no las estarían haciendo ni caso, además de que cuando se dan la vuelta ponen a parir el movimiento. Creo que todo es una mentira, me siento una loca con una pancarta. Una persona que ha metido un puñetazo sobre el techo de cristal y ha logrado hacer un pequeño agujero por el que, en vez de unirnos para hacerlo aún más grande, todas se están pegando por entrar mientras me pisotean, me niegan o me apuñalan. Así me siento en este momento.

Pero no lo he expresado así, lo expresé bruscamente y con insultos, lo expresé con lágrimas de rabia en los ojos y me dio un ataque de ansiedad que me tuvo en el baño llorando casi veinte minutos.

Inciso: sinceramente tenía razón en todo lo que decía, quizá en algunas cosas no, pero sí en gran parte, pero no eran las maneras.

En ese momento, me comía la rabia, la frustración y el desasosiego. Me comían la tristeza y la soledad, los feos que me habían hecho algunas compañeras se sobreponían a los buenos momentos y tendidas de mano de otras. Demasiada carga sobre mis espaldas para una sola persona.

Exploté, no podía con más, simplemente exploté.

30 de septiembre de 2020

Camino por mi casa dando vueltas sin parar. Ahora sí que sí, ahora sí que siento que no tengo nada, que nada merece la pena, que soy una mierda de persona. Me odio, odio mi cuerpo, odio el proyecto que he creado. Para qué cojones he hecho todo esto, por qué no lo ha hecho otra y puedo ser una de las Gárgolas, echando mierda en contra de otras, mientras digo ser feminista, pero no molesto a los señores y, además, echo mierda sobre la que a ellos les incomoda. ¿Por qué no he elegido ese camino?

Noooooo, tenía que abrir la boca, tenía que decir lo que pensaba en todo momento. Ser feminista es una mierda, una puta mierda, una farsa, una mentira, una trampa. Ojalá me hubiera callado, ojalá no me hubiera dado cuenta nunca de nada, ojalá no hubiera revindicado una mierda y pudiera vivir tranquilita, con la puta sonrisa de falsa en la cara y el dinero en el bolsillo y cayendo bien a todo el mundo. No quiero ser feminista, ya no soy feminista, pero, claro, ¿cómo dejo de ser feminista ahora? Me siento sucia, recuerdo todo todo lo que ha pasado en mi vida, incluidas las cosas que no he contado en este libro. Recuerdo la violencia psicológica y la física que he vivido en mis treinta años. Siento cada golpe y creo que me lo merezco. Ojalá estuviera ya muerta, quiero estar muerta, no puedo más.

Ahí se encendió el botón, como si mi cabeza hubiese hecho: «Deseo concedido».

Como bien cuento en mi monólogo:

La depresión es como ser un guiri en un hotel con balcón, te tienta la muerte.

El otro día estaba con mi psicóloga y le expliqué que la depresión tiene varias fases en mi cabeza:

- *Una en la que comienzas a estar triste y apática.*
- *Otra fase en la que empiezas a tener pensamientos suicidas.*
- *Otra fase en la que comienzas a planearlo.*
- *Y una fase final en la que lo ejerces.*

«Avísame cuando cambies de fase», me dijo, y en ese momento cerré el ordenador. Dejé a mi psicóloga asustada y, cuan-

do lo volví a abrir, le vi la cara y le contesté: «Tranquila, solo estaba en mi fase cis hetero, solo quería llamar la atención».

Pues ese día mi cabeza se había saltado todas las fases y estaba dispuesta a darle un final a todo. Le había dado muchas vueltas antes, y, aunque el plan de apuñalarme a mí misma no estaba como prioritario, fue lo primero que encontré. Agarré el cuchillo y comencé a arañarme el estómago. No era suficiente, no tengo cuchillos afilados en casa porque me conozco. En ese momento en mi cabeza habían saltado todos los plomos. Me dije: «Es ahora o nunca, tienes que clavártelo. ¡CLÁVATELO! ¡CLÁVATELO! Y GIRA PARA ASEGURARTE QUE TE MUERES ANTES. EN EL BARRIO SIEMPRE DECÍAN ESO DE QUE SI METES UNA PUÑALADA Y GIRAS... ¡ACABA CON ESTA MIERDA DE UNA PUTA VEZ!

¡ACABA, SARA, JODER!».

Sonó el teléfono, sonó el puto WhatsApp de manera compulsiva y tuve que contestar. En ese instante fui consciente de lo que había estado a punto de hacer y me rompí. Pero, por suerte, tuve a alguien que me escuchó y me apoyó. Desde aquí tú sabes quién eres y aún hoy te lo sigo diciendo: **«Gracias»**.

Esa persona me dio las frases que necesitaba: «Tú no tienes la culpa de nada, Sara, no has hecho nada malo, vas a salir. Te voy a dar el número de mi psicóloga, ella te va a ayudar».

TE ENCONTRÉ

La psicóloga me ayudaría en un futuro, pero en ese momento no tenía ni para pagar el alquiler, así que necesitaba otra cosa. **Necesitaba una historia de otros en la que encontrarme para dar sentido a la vida.**

Me dispuse a encender una vela y medité. Me encanta meditar, me flipa, es complicado de aprender, pero cuando lo consigues llegas a lugares de tu mente que estaban cerrados por el ruido del día a día. Es como lograr tener una charla con tu subconsciente.

Y entonces caí en que esta mierda no me ha podido pasar solo a mí. Y reflexioné sobre la cantidad de mujeres que habían perdido la vida por defender su libertad, aquellas a las que encerraban en los áticos bajo el pretexto de que estaban locas hasta que acabaron locas del todo. Pensé en las brujas que quemaron por brujas cuando solo eran mujeres con poder e independencia y, entre todos, estos pensamientos se me vino una noticia a la cabeza:

> **«Fundadora de Femen se suicida. Su cuerpo ha sido encontrado en su apartamento junto a una nota de suicido con el mensaje: "Sois todos unos falsos"».**

Había estado a punto de hacer lo mismo y no podía ser casualidad. Investigué su historia y se parecía en tantos puntos a la mía que solo quería llorar. La había encontrado; había encontrado a alguien que había vivido algo similar, y eso significaba que había un patrón, un puto patrón de violencia hacia las mujeres que alzaban la voz. También había un patrón de reacción del entorno a dejarlas solas. A querer chupar de la buena intención de sus proyectos para saciar su ego, haciendo así que perdieran la fe en estos y en ellas mismas.

Investigué en las redes de Femen y vi que casi nadie había vuelto a hablar de ella, y pensé: «Si llego a morir hoy, hubiese pasado lo mismo con la Riot. Alguna se la habría apropiado y borrado mi nombre, lo sé».

Y, en ese momento, me lo prometí: hablaré de su historia y contaré la mía por si alguna mujer pasa por algo similar. Que sepa que no está sola, ni loca, ni es una histérica, que no ha hecho nada malo y que, sobre todo, merece seguir viendo.

Es triste, pero saber de la muerte de Oksana Sachko hizo que yo no me matase. Así que aquí os dejo un pequeño resumen en honor a su memoria, para que la conozcáis mejor:

Oksana Sachko nació en Ucrania el 31 de enero de 1987. En su infancia comenzó a pintar frescos para la Iglesia ortodoxa y se planteó incluso entrar en un convento y hacerse monja. Años más tarde rechazó por completo el concepto de la iglesia, según decía: «Los sacerdotes se comportan más como comerciantes que como representantes de Dios».

En abril de 2008 fundó el grupo feminista Femen junto con Anna Hustol y Aleksandra Shevchenko, en el que se posicionaron en contra de la segregación de las estudiantes, la explotación y el turismo sexual en Ucrania.

Este es el resumen más o menos que os hago de Wikipedia. Ahora vamos con otras cosas que he encontrado. Existe un documental titulado *Je suis Femen* de 2014 que vamos a comentar un poco por encima como si fuese La Buena Turra.

El documental empieza fuerte porque se las escucha gritando «¡Oksana debe vivir!». No hablan de Oksana Sachko, sino de una chica de dieciocho años que ha sido violada y asesinada. Pero ¡bum!, es impactante que vayan a hablar de ella para mantener su memoria, y que cuando me ponga de nuevo el documental esta sea la primera frase que escucho... Casualidad, sí. Impactante, también.

Después nos presenta a las protagonistas y al final sale ella, que tiene un puto carisma arrollador. No sé si es en este documental o en un vídeo que me encontré investigando por internet, entre las múltiples cuentas que aún existen y publican cada día cosas de ella, pero allí salía un policía diciendo: «Odio a la castaña pequeñita porque siempre que la cogemos me quita la gorra». Y me hace mucha gracia ese vídeo.

Habla de las situaciones de misoginia por las que ha pasado, en las que, pese a su trabajo con sus compañeras en diferentes proyectos, siempre primaba la voz de los hombres. Después sale su madre hablando de ella y de su espíritu de lucha.

Pero mi parte favorita es cuando te das cuenta de lo implicada que está en Femen, de cómo planea las reivindicaciones. No eran solo manifestaciones de chicas en tetas. Claramente, a través del documental, puedes ver cómo Oksana en realidad usaba el arte de la *performance* como herramienta de reivindicación y que lo de enseñar las tetas tan solo era un añadido a esta forma artística. Se curraba el atrezo, llevaba las ventas de la web para crear dinero y seguir alimentando el proyecto. Era la puta alma de todo y en ese documental se ve.

Empezaron a crecer y con ello las cosas comenzaron a complicarse.

No os quiero comentar más de este documental porque si habéis llegado hasta aquí quiero que lo veáis. También existe un libro llamado *Femen, historia de una traición* que solo está en francés, pero que deseo muy fuerte que lo traduzcan al español para poderlo leer.

He podido descubrir muy poco de qué pasó después de que dejase Femen, pero por algunas entrevistas y su mensaje final, bajo mis conclusiones, creo que pudo llegar a un estado de decepción con su propio movimiento y sus compañeras. Y es que la soledad y la división entre nosotras es lo que realmente más daño nos hace. Tanto que hasta puede matarnos.

Por eso siempre termino la Riot Comedy diciendo: **«Pase lo que pase, nunca olvidéis a vuestras compañeras»**.

Y, pese a que este sería un buen final, tengo que confesaros algo. Mi último intento de suicidio no fue en septiembre de 2020, sino en abril de 2022, hace menos de un año, y os quiero contar esa parte de la historia que falta y lo que aprendí.

Pongámonos en contexto. Después de ese día, de esa meditación, cuando estaba absolutamente sola en casa, me llegó un mensaje de una chica llamada Leticia a la que conocía poco, pero con la que por lo visto había quedado para hablar de Twitch y cómo funcionaba.

—Sara, hemos quedado, lo tengo apuntado en mi agenda —me dijo.

Pensé: «¡Oh, Dios mío, qué organizada! ¡Una agenda!». Yo ni me acordaba de que habíamos quedado. Ella vino a mi casa a hablar de Twitch. Pero yo le hablé de la Riot y se quedó, me dijo que no era tan difícil sacarla adelante y que no la dejase morir, que me ayudaría. Gracias a ella, a su trabajo, talento, porque qué tía más talentosa e inteligente, graciosa, ambiciosa, una puta reina; gracias a todo esto, su amistad y apoyo, la Riot Comedy y yo hoy en día seguimos vivas.

Pero a veces, cuando no has sanado del todo, basta un pequeño cúmulo de problemas para que te vuelvan a saltar los plomos.

Abril de 2022

De nuevo ese cuchillo, mi estómago y yo. Las lágrimas no paran de correr por mi cara, solo tengo un pensamiento y es el mismo que en 2020. Estoy a punto de clavarlo con todas mis fuerzas, pero esta vez no hubo mensaje, sino que saltó un nuevo pensamiento en mi mente, más violento aunque efectivo: «Muy bien, valiente, me lo voy a clavar y luego qué, ¿me voy a quedar en el suelo hasta que me desangre o me voy a arrepentir y saldré a buscar ayuda con todo el show porque me han saltado los plomos de la supervivencia? Si lo haces tiene que ser algo directo y efectivo. Si no, lo único que vas a hacer es montar un circo y te van a encerrar y vas a perder todo lo que has conseguido hasta el momento, todo por lo que has luchado. Y tendrás que empezar de cero, sin nada, así que, si lo haces, debe ser algo de lo que no puedas escapar».

En ese momento sentí como si me despertase de un mal sueño. Vi el cuchillo en mi mano y me dije a mí misma: «Hemos vuelto a caer, Sara, y no hay nadie que nos pare, te tienes que parar tú, tienes que elegir de una vez, o sacas las fuerzas para suicidarte o las sacas para vivir, pero en este bucle no nos podemos quedar más».

Cogí dos pastillas de lorazepam y un extra que no voy a mencionar. Sé que no fue la mejor opción, pero no quería llamar a nadie porque sentía que tenía pocos segundos para dormir mi cuerpo y así impedir que mi mente hiciese nada más. Me encerré en la habitación y me prohibí salir de la cama ni para mear, si me meaba me mearía encima, pero tenía que alejarme de todo objeto punzante y mantenerme en un lugar seguro. Seguro de mí misma.

A la mañana siguiente tomé la decisión de seguir viva y con ello seguir todos los pasos:

1. Pedir ayuda médica.

Este paso salió regular. Mi doctora era una tipa arisca que se ve que estaba hasta los cojones de trabajar ahí y no me extraña. Las condiciones en las que trabajan los sanitarios en España hacen que cada día estén más agotados, explotados y hasta el coño. Así seguirán, hasta que mediante una opresión cada vez más evidente se carguen la sanidad pública, no sus trabajadores, sino aquellos a los que les interesa capitalizarlo todo para su propio beneficio.

El caso es que me mandó a urgencias psiquiátricas. Ahí me atendieron genial, pero me llevaron a una habitación de psiquiatría. No sé si habéis estado alguna vez en una, pero la primera imagen que vi fue una cama con cuerdas para atar de pies y manos. El médico me vio la cara y dijo:

—Tranquila, sé que impresiona, pero no te voy a atar.

Después me hizo sentarme en una silla que estaba atornillada en el suelo. Lo miré y me explicó:

—Sé que impresiona, pero es lo que tenemos. Tranquila, que no va a pasar nada.

—Permíteme que el ambiente me haga desconfiar —le contesté.

Le conté lo que había pasado y me preguntó:

—¿A qué te dedicas?

—Soy cómica —le contesté

—Ahhh, cómica ¡Qué bien! ¡Qué profesión más chula! ¡Ese trabajo con la risa te vendrá muy bien para salir de la depresión!

PUAAJAJAJAJAJAJAJAJAJAJAJAJAJAJAJAJAJAA-JAJAJAAJAJAJAJAJAJAJAJAJAJAJAJAJAJAJAJAJA-JAJAJAJAJAJAJAJAJAJAJAJAJAJAJAJAJAJAJAJAJAJA-JAJAJJAJAJAJAJAJAJAJAJAJAJAJAJAJAAAAAAAAAAAAA AAAAAAAAAAAAHHHHHHHHJAJAJJAJAJA.

Os juro que fue así. En el momento no me reí, pero ahora me parto el culo. Es que la vida es graciosísima.

Salí de ahí, me prometieron la llamada y la cita con un psiquiatra que gracias a nuestra querida Seguridad Social nunca llegó. Pero decidí aceptar la medicación y me prohibí consumir cualquier tipo de sustancia que alterase mi estado mental hasta que pudiera controlar mi mente. Ni media cerveza ni oler una caladita de *flying free*. ¡NADA!

2. Comunicárselo a mi entorno.

No he hablado mucho de él en el libro, pero a la primera persona a la que fui a pedir ayuda fue al Adri. Adrián es inteligente, guapo, gracioso sin él pretenderlo, que es lo más divertido, curioso. Tiene una mente tan grande que hasta él mismo se pierde en ella cuando cuenta historias. Es la persona a la que acudo cuando me siento mal, pero también cuando estoy bien. Me lleva apoyando en todo lo que me ocurre desde hace ocho años y espero que sigan siendo muchos más.

—Adrián, te tengo que contar algo: vengo de urgencias psiquiátricas, me he intentado suicidar.

Adrián se quedó callado y cambió de tema.

—Adrián, por favor, te acabo de decir algo importante.

—Sara, lo he escuchado, estoy asimilando. Déjame que lo procese.

No supo decir nada más porque no sabía qué decir, vi en su cara que le superó la situación. Si es que la gente que no se ha intentado suicidar nunca se asustan con muy poquito. *Toi* de broma. No supo qué decir, pero sí qué hacer. Sin yo decirle nada, Adrián no me dejó ni un día sola hasta que estuve bien. Me llamaba a todas horas para preguntarme si estaba acompañada en casa o si iba a venir alguien. Si no vendría él o estaría conmigo al teléfono.

A veces la gente no tiene las palabras correctas, pero sí sabe demostrarlo con actos.

Y, como Adri, también estuvieron Marina, Velasco, Jesús, Eli, Rafa, Abi, Des, Claudia, Jairo, Virna y mucha más gente que había estado ahí todo este tiempo creyendo en mí y que no habían dejado de creer en mí jamás. No en la Riot, en mí.

Con su apoyo me di cuenta de que no había estado sola nunca, solo ciega. Cegada por el dolor, por la frustración... Poniendo mis deseos y atención en gente que no me valoraba y a la que le importaba una mierda. Dándoles a esas personas un poder sobre mi existencia que no merecían.

Y entonces llega la gran pregunta que le hice a Inés, mi psicóloga: **«¿Por qué?»**.

A lo que la respuesta más sencilla que os puedo dar es: porque hay gente que estamos acostumbrados a que nos quieran mal y nos pensamos que eso es amor, amistad o respeto.

3. Romper el círculo de la violencia.

Para dejar de vivir situaciones de violencia, lo primero es aprender a detectarla, lo segundo es perdonarte por haberla vivido y lo tercero, aprender a poner límites para pararla. Esto es un trabajo personal interno tochísimo que solo se puede conseguir a base de mucha muchísima meditación, autorreflexión y terapia, buena terapia.

Pero os dejo algo para ir empezando:

Vivimos en una sociedad en la que la violencia física, psicológica y verbal está muy normalizada. Todos en alguna ocasión hemos sufrido algún tipo de violencia o la hemos ejercido en uno u otro nivel. Todo el mundo sin excepción, aquí no hay santos.

Dependiendo de las violencias que hayas vivido con la gente a la que has ido queriendo y confiando en tu vida, ya sea con tus familiares, parejas o amigos, te acostumbras y normalizas unos comportamientos que en muchas ocasiones hasta llegamos a confundir con amor o interés. Pues no conocemos otra forma de sentirnos queridos.

De nuevo no salen de la nada, las generaciones de nuestros padres vivieron mucha violencia, tanta que era hasta normal pegar a los niños en la escuela, y la de nuestros abuelos otra tanta, y así cada vez más en una línea temporal que va a peor.

Por eso es importante romper el círculo de la violencia, pero para eso tienes que aprender a detectarlo, a poner tus límites, a darte valor a ti y a tus actos. Y, sobre todo, aprender a querer de nuevo y a querer bien.

Y el último paso...

ACEPTACIÓN, PERDÓN, AMOR Y RESILIENCIA

Aceptación: Entender lo que ha pasado, poder decirlo en voz alta. Mientras los acontecimientos que nos han hecho daño permanezcan solo en nuestra mente, el único punto de vista que tendremos será el de nuestro sufrimiento. Por eso, es importante expresar y aceptar lo ocurrido, tanto lo bueno como lo malo.

Perdón: Una vez analizado todo en contexto, aprender a perdonar. Creo que este es el paso más complicado. A veces podemos tardar años en perdonar a alguien, y ya ni te cuento en perdonarte a ti misma. Pero llega. Si te pones, llega. Y (no soy Jesús ni vengo a decir que nos demos la mano como hermanos), perdonar a veces es un acto propio unidireccional en el que, simplemente, dejas marchar el rencor.

Amor: La depresión te mete en un bucle de destrucción contigo mismo y con el entorno que te rodea. Aprender a amar de nuevo desde cero es el trabajo que me toca hacer ahora, así que tampoco os puedo contar mucho. Solo sé que entre mis primeros planes está aprender a amarme a mí misma y dejarme querer de manera incondicional. Cuando aprenda os lo cuento.

Y **resiliencia**: Porque la depresión no es un bichito que salta de la nada, nace de tu contexto vital y muchas situaciones harán que caigas de nuevo. Te volverás a equivocar. Hay cosas que volverán a pasar y el pozo de la mierda llamará a tu puerta. Ahí es donde se saca la fuerza de verdad para decir: «tengo que aguantar». Porque, tirando de tópicos, la vida es una montaña rusa en la que tenemos que aprender a aguantar las bajadas, y aprender y disfrutar las subidas.

Y así es como poco a poco vamos saliendo, mi gente. No puedo prometer que no se me salten los plomos alguna que otra vez, pero por lo menos podemos estar tranquilos porque ¡ESTAMOS TRABAJANDO EN ELLO! (*Chiiistesss de frases de la época de Aznar porque empiezo a ser vieja, ¡qué vergüenza* más grande terminar así!).

Y, AHORA SÍ,
UN ÚLTIMO TEXTO PARA DESPEDIRME

¡SIGO VIVA, QUE OS JODAN A TODOS, ZORRAS!

¡VIVA LA RIOT COMEDY! ¡QUE VIVAN LAS PUTAS, LAS BOLLERAS, LAS BISEXUALAS, LOS BISEXUALOS, LAS TRANS, LAS NEGRAS, LAS DISCA, LAS BLANQUITAS, LAS MIGRANTES, LAS VIEJAS, LAS GORDAS, LOS MARICONES, LOS BUENOS *MANS*, QUE SON POCOS PERO HAY! ¡JODER, ME DEJO GENTE!, PERDÓN ¡Y QUE VIVA MI PAPO!

NO NO NO NO.

Bueno, qué coño. Sí, adiós. Nos vemos en las redes, en los teatros, y ojalá algún día en un puto estadio.

@holaputgorda